DA SEIN
Wege ins Leben 6

**Ein Unterrichtswerk für den
Evangelischen Religionsunterricht
an der Hauptschule**

von Werner Haußmann (Redaktion)
und Evelyn Beck, Wolfgang Brunner, Manfred Erben, Jutta Gasteiger, Marianne Geipel,
Andreas George, Ingrid Göger, Helga Jakob-Stralka, Ute Jarallah, Gerhard Krafft,
Eckhard Landsberger, Dieter Müller, Ute Pürkel, Gerhard Schröttel, Bärbel Täubert,
Klaus Wild, Walter Zwanzger

Verlag Moritz Diesterweg
Frankfurt am Main

Abbildungsnachweis
U 1: © Benedikt Werner Traut, Gundelfingen/Breisgau: „Übergang" 1991, Aquarell 20 x 20 cm aus: Deine Auferstehung – mein Leben. S. 6: Bavaria/VCL, Gauting. S. 8 o.: Helga Lade/J. Ege, Frankfurt. S. 8 Mi., 9 u., 13 o.: U. Jarallah, Ottensoos. S. 8 u.: Bavaria/Rose, Gauting. S. 9 o.: U. Pürkel, Ottensoos. S. 9 Mi.: Helga Lade/N. Fischer, Frankfurt. S. 13 u.: Franz von Lenbach „Hirtenknabe", 1860; Foto: Artothek/Blauel/Gnamm, Peissenberg. S. 16: Radierung von Thomas Zacharias, 1990; © VG Bild-Kunst, Bonn 1998. S. 20: aus: Der Kleine Prinz; © 1950 und 1998 Karl Rauch Verlag, Düsseldorf. S. 21, 36, 37, 40: aus: S.A.G. Angermüller, Theo Sundermeier; Das Vaterunser in Bildern, Zeichen, Sprachen; Abbildungen Seite 3,7 und 11 © 1993 by Calwer Verlag, Stuttgart. S. 28: „Mirijam" aus dem Misereor Hungertuch „Hoffnung den Ausgegrenzten" von Sieger Köder; © 1996 Misereor Medienproduktion und Vertriebsgesellschaft mbH, Aachen. S. 31: Keith Harding „Untitled" May 29, 1989 (8220C); © The Estate of Keith Haring, New York. S. 33: aus: Liedermacher im Gesangbuch, 1993 Calwer Verlag, Stuttgart. S. 38, 39: G. Krafft, Bamberg. S. 44: Helga Lade/D. Rose, Frankfurt. S. 52: aus: Joachim Kix (Hrsg.): Ich hab es niemand erzählt...: Gedichte, Bilder und Texte zur Heilung sexuellen Missbrauchs, 1990 Hänssler-Verlag, Neuhausen Stuttgart. S. 57: Stoja-Verlag Paul Janke, Nürnberg. S. 60, 62 o., 66 o., 68: Foto: Hermann Fröhling, Nürnberg. S. 62-66: Otto Dix © VG Bild-Kunst, Bonn, 1998: Einzug in Jerusalem (62), Abendmahl (63), Gefangennahme (64 li.), Verleugnung des Petrus (64 re.), Der Judenkönig (65 li.), Kreuztragung (65 re.), Kreuzigung (66). S. 70: Sieger Köder: „Emmaus" mit Genehmigung der Schwabenverlag AG, Ostfildern. S. 74: M. Erben, Schweinfurt. S. 77: Paul Klee, 1930/214 (S4) Hat Kopf, Hand, Fuss und Herz 40,8/41,8 x 28,2/29 cm Aquarell und Tusche auf Baumwolle Kunstsammlung Nordrhein-Westfalen, Düsseldorf, Inv.Nr. 26; Foto: Walter Klein, Düsseldorf, © VG Bild-Kunst, Bonn 1998. S. 78: Helga Lade/E. Bergmann, Frankfurt. S. 84: I. Göger, Schweinfurt. S. 88: P. Eberts, Bamberg. S. 93, 109: Ev. Zentralbildkammer, Bielefeld. S. 95 li.: Dr. M. Albus, Heidesheim. S. 95 re.: KNA/Herb, Frankfurt. S. 101: The Bodleian Library, University of Oxford, MS Douce 313 fol. 390. S. 106, 111, 118, 128: Dia-Meditationen „Mit Hindernissen leben" und „Unterwegs sein" v. Elmar Gruber, Bilder Ivo Krizan und Elmar Gruber, o.J. (Diaserie); © impuls studio münchen. S. 114: aus: Davic Macaulay, Eine Stadt wie Rom © Artemis & Winkler Verlag, Düsseldorf/Zürich. S. 116/117, 127: Scala, Florenz. S. 119: © Sieger Köder: „Ich sah das neue Jerusalem wie eine Braut" mit Genehmigung der Schwabenverlag AG, Ostfildern. S. 126: Käthe Kollwitz: Nachdenkende Frau, © VG Bild-Kunst, Bonn 1998.
Illustrationen von Gabriele Nold, Griesheim; Werner Ruhner, Leipzig

Dieses Werk folgt der reformierten Rechtschreibung und Zeichensetzung. Ausnahmen bilden Texte, bei denen künstlerische, philologische oder lizenzrechtliche Gründe einer Änderung entgegenstehen.

ISBN 3-425-07592-6

© 1999 Verlag Moritz Diesterweg GmbH & Co., Frankfurt am Main.
Alle Rechte vorbehalten. Das Werk und seine Teile sind urheberrechtlich geschützt. Jede Verwertung in anderen als den gesetzlich zugelassenen Fällen bedarf deshalb der vorherigen schriftlichen Einwilligung des Verlages.

Umschlagillustration: Benedikt Werner Traut, Gundelfingen
Satz und Reproduktion: Reprographia Medienhaus, Lahr
Druck: Appl, Wemding
Bindearbeiten: Münchner Industriebuchbinderei, Aschheim-Dornach
Printed in Germany

Inhaltsverzeichnis

Kapitel 1
Rhythmen des Lebens –
Alltag und Feiertag 5
Rhythmus – Tageskreis – Alltag – Sonntag – Sabbat –
Kirchenjahr – Pfingsten – Fest – Lebensrhythmus

Kapitel 2
Menschen fragen nach Gott –
Gott fragt nach Menschen 21
Türen – Gott-Sucher – Gott – Schlüssel-Erlebnisse – Befreiung –
Gemeinschaft – Begleitung – Paul Gerhardt – Zugänge –
Anklopfgeschichten – Vaterunser – Gebete

Kapitel 3
Mit Macht verantwortlich umgehen –
David 41
Alptraum – Machthaber – König Saul – David – Goliath –
Barmherzigkeit – Machtmissbrauch – Schuld

Kapitel 4
Kreuz und Auferstehung wecken Hoffnung –
Jesus Christus 57
Erwartungen – Mitgehen – Hoffnungen – Passion – Blindsein –
Trost – Emmaus – Mut – Seligpreisungen – Osterspuren

Kernkapitel   Wahlkapitel

Inhaltsverzeichnis

Kapitel 5
Fremdem begegnen – Fremd sein
77

Fremde Welt – Zwiespalt – Ablehnung – Fremder – Selbsterkenntnis – Aussiedler – Schuldzuweisungen – Ähnlichkeiten – Weihnachten – Außenseiter – Projekt: Gemeinschaftsfest

Kapitel 6
Mit Anforderungen umgehen – Orientierung für unser Handeln suchen
93

Anforderungen – Schule – Hausaufgaben – Konflikte – Teufelskreis – Nachgeben – Zerrissen – An-Gebote – Regeln – Gewissensfragen – Orientierung – Getragenwerden

Kapitel 7
Glaube in der Bewährung – Christen im Römischen Reich
111

Bekennen – Märtyrer – Perpetua – Gottesdienst – Offenbarung – Tertullian – Glaubensmacht – Kaiser Konstantin – Theodosius – Schuld und Buße – Standhalten

Lieder- und Textverzeichnis
129

Kernkapitel   Wahlkapitel

Kapitel 1
Rhythmen des Lebens –
Alltag und Feiertag

Rhythmus – was ist das?

Einatmen – Ausatmen

Ohne daran zu denken, atme ich ein und aus,
mal schnell, mal langsam,
mein Atem findet seinen Rhythmus.

Blühen – Verwelken

Gestern hat die Blume noch geblüht,
heute sind ihre Farben verblasst,
auch ihr Leben folgt einem Rhythmus.

Schlafen – Wachen

Jeden Morgen stehe ich auf,
jeden Tag wieder meine Müdigkeit am Abend,
der Ablauf des Tages findet seinen Rhythmus.

Ebbe – Flut

Bei Ebbe zeigt sich der Meeresgrund
und bedeckt sich wieder bei Flut,
das Meer folgt diesem Rhythmus.

Anstrengung – Entspannung

Ich mühe mich mit meiner Arbeit
und freue mich auf Erholung,
eine Woche findet ihren Rhythmus.

Schlagt im Lexikon nach, was Rhythmus bedeutet.

Im Rhythmus mit Gott

Ich danke dir Gott, dass ich nicht alleine bin auf dem Weg durch den Tag. Du hast mir Menschen gegeben, die mich begleiten, die mich verstehen, die mich lieben. Mein Gott ich bitte dich für meine Familie, für meine Freunde: Sei du mit ihnen.

Was wir haben, lass uns teilen.
Nichts gehört uns ganz allein.
Hilf uns Not und Hunger heilen,
und für andere da zu sein.

Möge dein Weg dir freundlich entgegenkommen,
möge der Wind dir den Rücken stärken,
möge die Sonne dein Gesicht erhellen und
der Regen um dich her die Felder tränken.
Und bis wir beide, du und ich, uns wiedersehen, möge Gott dich schützend in seiner Hand halten.

Was schön war heute, kam von dir.
Was unrecht war, vergib es mir!
Lass mich bei dir geborgen sein.
In deinem Frieden schlaf ich ein.

Haben diese Texte auch etwas mit Rhythmus zu tun?
Suche dir Lieder und Gebete, die dir besonders gefallen und gestalte damit einen eigenen Tageskreis.

Unterwegs sein

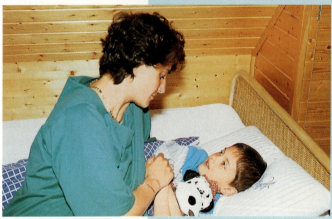

Mit dem Fahrrad will ich heute eine Tour unternehmen. Langsam komme ich in Fahrt. Zunächst geht es ein Stück gerade, doch dann ist ein großer Berg vor mir. Mit Schwung nehme ich Anlauf, um die ersten Meter der Steigung zu erklimmen, doch dann wird es steiler und mühseliger. Immer stärker muss ich in die Pedale treten und nur langsam komme ich voran. Nur nicht aufgeben, durchhalten bis ich oben bin! Wenn ich jetzt absteige, komme ich nur schlecht wieder in Fahrt. Die letzten Meter der Steigung scheinen kaum überwindbar zu sein. Doch endlich ist der Gipfel erreicht. Geschafft, aber froh steige ich ab und genieße den wunderbaren Blick ins Tal. Ich hole tief Luft. Kaum zu glauben, dass ich es bis hierher geschafft habe! Nach einer Pause, in der ich neue Kraft tanke, esse und trinke, geht's weiter. Noch ist die Anstrengung in meinen Beinen zu spüren. Es geht nun gemächlich über Wiesen und Felder. Ich bestimme, wie schnell ich fahren möchte. Immer wieder fahre ich besonders langsam, um die Umgebung ansehen zu können.

Sei unterwegs!

Dann geht es den Berg wieder hinunter. Ohne körperliche Anstrengung sause ich den Weg abwärts. Ich habe kaum Zeit, die Umgebung wahrzunehmen. Mein Blick ist starr auf die Straße gerichtet. Nur nicht wackeln und stürzen. Als ich unten angekommen bin, zittern mir die Beine wieder, diesmal von der inneren Anspannung. Nach einer Pause fahre ich einen Waldweg entlang. Links und rechts stehen nur Bäume, es gibt keine landschaftliche Abwechslung. Ich merke kaum, dass ich immer schneller fahre, um endlich etwas anderes zu sehen. Am Ende des Waldes ist eine Pferdekoppel. Ich lehne mein Fahrrad an den Zaun. Neugierig kommen die Pferde näher, die sich gerne streicheln lassen. Schön ist es, ihr warmes, weiches Fell zu spüren. Langsam radle ich nun meinem Zuhause entgegen. Nur noch zwei Straßen weiter und ich bin daheim.
War das eine schöne Tour, mit so vielen unterschiedlichen Stationen!

In dieser Geschichte kommen Stationen vor. Auf den Bildern siehst du Stationen eines Tages. Vergleiche!

Alltag und Sonntag – immer das Gleiche?

Wie wirkt das freie Kreisstück auf dich?
Stell dir vor, es wäre auch noch ausgefüllt!
Schreibe und gestalte deinen persönlichen Wochenkreis. Wie kannst du den Freiraum innerhalb deines Wochenkreises nützen und gestalten?

Ein ganz normaler Sonntag!?

Kai wacht auf und spürt sofort, dass heute Sonntag ist. Sonntage sind anders als die anderen Tage. Draußen regnet es. In der Wohnung ist es noch still. Dass die Eltern so lange schlafen können! Missmutig klettert Kai wieder ins Bett und hofft, dass die Zeit schnell vergeht. Nach dem Frühstück verschwindet Vater im Bad. Die Mutter räumt die Wohnung auf, Kai läuft ständig hinter ihr her und unterhält sich mit ihr. „Musst du nicht noch Hausaufgaben machen?", fragt sie nach einer Weile. „Nein!", sagt Kai. „Oder vielleicht etwas anderes?", seufzt die Mutter. „Du könntest mir doch beim Kochen helfen." „Ach nö", brummt Kai. Als letzten Ausweg holt er seinen Gameboy. Kurz vor dem Mittagessen taucht Vater wieder auf. „Na, Kai, was hast du Schönes gemacht?" „Er hat sich fast zu Tode gelangweilt!", sagt die Mutter. Der Vater runzelt die Stirn: „Das höre ich aber gar nicht gerne!" Kai zieht die Mundwinkel herunter: „Was soll man sonntags schon machen?" „Du liebe Zeit! Du wirst dich doch beschäftigen können! Als ich so alt war wie du, mussten wir den Sonntag über in feinen Klamotten herumlaufen, und mittags gingen wir immer den gleichen Spazierweg."
„Irgendetwas stimmt nicht mit Sonntagen! Wenn ich bloß wüsste, was", denkt sich Kai. Am Nachmittag regnet es immer noch. Zum Glück gibt es Fernsehen! Nach dem Kaffeetrinken schleicht Kai durch die Wohnung, bis er schließlich in seinem Zimmer auf dem Bett liegt und gegen die Decke starrt. Als die Mutter hereinkommt, seufzt sie: „Kannst du dich nicht einmal alleine beschäftigen?" Endlich fällt ihm etwas ein. Mit einem Karton betritt Kai das Wohnzimmer. „Du wirst doch nicht deine Autobahn hier aufbauen! Wenigstens am Sonntag will ich in einem aufgeräumten Wohnzimmer sitzen. Spiel doch in deinem Zimmer!" Kai verdrückt sich in sein Zimmer.
Als die Mutter ihn zum Abendessen holt, ist er ganz vertieft in sein Spiel. „Wie schön du spielen kannst!", freut sich die Mutter.
„Du, Mutter, warum gibt es eigentlich den Sonntag?" Erstaunt blickt die Mutter Kai an: „Nun ja, weil der Mensch mal einen schönen und entspannten Tag braucht, wenn er sich die ganze Woche abrackert. Für dich war es kein schöner Tag, nicht wahr?" Kai seufzt: „In den Büchern", sagt er, „da machen die Großen mit den Kindern immer Spiele, oder basteln etwas, oder erzählen Geschichten." „Ach!", sagt die Mutter, „in den Büchern! Weißt du was, für den nächsten Sonntag denken wir uns was Schönes aus! Etwas ganz besonders Schönes!"

> Vielleicht kannst du Kai gut verstehen. Wann? Warum?
> Erzähle, wie du deine Sonntage verbringst!

Frei-Räume?

Liebes Tagebuch,

am heutigen Sonntagmorgen haben wir alle ganz lange gefrühstückt. Sonst sehe ich Papa die ganze Woche nicht beim Frühstück. Wir mussten viel lachen, weil Papa lustige Geschichten von seinem Arbeitskollegen erzählte. Anschließend holten wir Oma ab und gingen alle gemeinsam ins Nachbardorf zum Mittagessen. Unterwegs sah ich zum ersten Mal ganz nah einen Buntspecht, der eifrig an einem Baumstamm hämmerte. Philipp musste mich natürlich unterwegs wieder ärgern, weil ich so von dem Buntspecht schwärmte. Kleine Brüder sind einfach lästig!

Um vier Uhr hat mich dann Vera zur Teestube abgeholt. Darauf freue ich mich schon die ganze Woche. Tobias war auch wieder da. Nach einem langen Billardspiel haben wir gegen Abend einige Kerzen angezündet und ein paar Lieder gesungen. Gerd, unser Jugendleiter, hat dann diesen Text aus der Bibel (2. Mose 20, 8 – 11) vorgelesen:

Gedenke des Sabbattages, dass du ihn heiligst. Sechs Tage sollst du arbeiten und alle deine Werke tun. Aber am siebenten Tage ist der Sabbat des HERRN, deines Gottes. Da sollst du keine Arbeit tun, auch nicht dein Sohn, deine Tochter, dein Knecht, deine Magd, dein Vieh, auch nicht dein Fremdling, der in deiner Stadt lebt. Denn in sechs Tagen hat der HERR Himmel und Erde gemacht und das Meer und alles, was darinnen ist, und ruhte am siebenten Tage. Darum segnete der HERR den Sabbattag und heiligte ihn.

Danach konnten wir auf eine Plakatwand unseren Dank an Gott für den Sabbat malen. Ich malte den Buntspecht. Denn wenn heute nicht soviel Zeit zum Spazierengehen gewesen wäre, hätte ich ihn bestimmt nicht gesehen. Wie schön, dass es Sonntage gibt.

Interviewt eure Klassenkameraden, eure Familie oder Freunde, was ihnen am Sonntag wichtig ist!

Langeweile ist für mich, wenn ...
Entspannt fühle ich mich, wenn ...
Diskutiert über „Langeweile" und „lange Weile" haben!

Feste feiern – feste feiern?

Un-ser Le-ben sei ein Fest, Je-su Geist in un-se-rer Mit-te, Je-su Werk in un-se-ren Hän-den, Je-su Geist in un-se-ren Wer-ken, un-ser Le-ben sei ein Fest an die-sem Mor-gen und je-dem Tag (A-bend)

Text: Josef-Metternich-Team
Melodie: Peter Janssens
Peter Janssens Musikverlag, Telgte

Betrachte die Bilder. Zu welchem Sonn- oder Feiertag könnten sie passen, und was sagen sie darüber aus? Das Gesangbuch (S. 1459-1465 und S. 1588-1597) kann dir eine Hilfe sein.
Du kannst erklären, warum sie in einem Kreis angeordnet sind.

Ein stürmischer Anfang

Voller Angst und Unsicherheit war ich, als Jesus uns nun endgültig verlassen hatte. Immer wieder musste ich an seine letzten Worte denken: „Geht in alle Welt und erzählt den Menschen von mir." Das hätte ich ja gerne getan, doch hatte ich Angst davor, mich hinzustellen und von Jesus zu erzählen. Gewiss hätten mich die Leute nicht verstanden, mich vielleicht sogar ausgelacht. Es hätte ja auch sein können, dass ich wie Jesus gefangen genommen worden wäre. Einerseits war mir klar, dass wir Jünger und Jüngerinnen den Menschen von Jesus erzählen müssen, sonst würde alles, was er getan hat, in Vergessenheit geraten. Andererseits fehlte mir einfach die Kraft und der Mut, den letzten Auftrag Jesu zu erfüllen.

Doch dann änderte sich alles. Im Grunde weiß ich gar nicht genau, wie das geschehen ist. Ich weiß nur, dass es wunderbar war. Wir waren alle in Jerusalem versammelt. Von überall her kamen die Leute, um das Erntedankfest zu feiern. Und plötzlich, als ich mir meiner Mutlosigkeit so richtig bewusst war, spürte ich, wie in mir der Mut wie eine kleine Flamme zu wachsen begann. Dieses Flämmchen wurde immer größer und schien meine Angst aufzufressen. Auf einmal war die Angst wie weggeblasen. Ich fühlte, wie Mut und Kraft in mir waren. Voller Begeisterung fing ich an, den Menschen draußen von Jesus zu erzählen. Auch den anderen Jüngern ging es so. Unsere Flammen der Begeisterung schienen auf die Menschen, die uns zuhörten, überzugehen. Sie verstanden uns alle, und nur wenige dachten, wir hätten zuviel Wein getrunken. Wie ein Wirbelwind breitete sich nun die Nachricht von Jesus aus.

Heute weiß ich, dass ich von Gottes Geist erfüllt war; er gab mir Kraft und Mut, das zu tun, was wichtig war. Seit diesem Pfingsterlebnis merkten wir Jünger und Jüngerinnen, dass wir zusammen Jesu Auftrag erfüllen können. Deshalb ist Pfingsten so etwas wie der Geburtstag der Kirche.

nach Apg 2

> „Ich bin Feuer und Flamme."
> „Ich bin begeistert."
> Denke über diese Redewendungen nach.

Das wichtigste Fest?

Mareike und Lorenz streiten sich über die wichtigsten Feste im Jahr. „Am allerwichtigsten ist Weihnachten!", sagt Mareike. „Schon wegen der Weihnachtsgeschenke."

„Geburtstag ist genauso wichtig!", ruft Lorenz und denkt dabei daran, dass er nächste Woche Geburtstag hat.

„Gut, Weihnachten und Geburtstag sind gleich wichtig!", stimmt Mareike zu.

„Und dann kommt Ostern!", sagt Lorenz. „Ja, Ostern ist auch ganz schön wichtig!", meint Mareike, denn sie isst die Schokoladeneier besonders gern.

Einig sind sie auch, dass Erntedankfest und Nikolaustag von Bedeutung sind.

„Und wie ist es mit Pfingsten?", fragt die Mutter, die aufmerksam zugehört hat. „Ach, Pfingsten", sagt Lorenz gedehnt, „Pfingsten ist nicht wichtig."

Die Mutter lacht: „Ohne Pfingsten würden wir fast keines eurer Feste feiern. Es gäbe kein Weihnachten und kein Ostern."

Ohne Pfingsten kein Weihnachten und kein Osterfest? Mareike und Lorenz schauen sich erstaunt an ...

Lest die Pfingstgeschichte auf Seite 15 und vergleicht sie mit dem Bild oben. Warum ist Pfingsten ein wichtiges Fest? Überlegt, wie ihr ein Pfingstfest feiern würdet. Auf der nächsten Seite findet ihr Anregungen dazu.

Ideenbörse für eine Pfingstfeier

Pfingsttanz könnt ihr zu jeder ruhigen oder auch beschwingten Musik tanzen, die euch gefällt:
1. In sich selbst versunken am Boden kauern. Die Haltung ist verkrampft.
2. Sich aufrichten, locker und entspannt die Arme hochheben. Die Haltung drückt Zufriedenheit aus.
3. Sich dem Partner zuwenden. Mit Augen und Körper Kontakt aufnehmen. Eine Brücke bauen von Herz zu Herz.
4. Sich der Gemeinschaft zuwenden, die sich öffnenden Hände ergreifen, Kreis bilden.

Pfingstfrühstück
Tischdekoration
...

Schulandacht
Mit dem, was ihr gelernt habt, könnt ihr auch eine Schulandacht gestalten. Euer/eure Religionslehrer/in oder Pfarrer/in kann sicherlich auch noch mehr Material besorgen.
Ihr könnt auch die Vorschläge auf dieser Seite mit einbeziehen.

Pfingstlicht:
Bastelt euch ein Pfingstlicht. Ihr braucht dazu ein leeres Marmeladenglas, Uhu oder Tapetenkleister, Transparentpapier in den Farben gelb, orange und rot und ein Teelicht. Schneidet aus dem Transparentpapier Formen aus, die eurer Meinung nach zum Pfingstfest passen und klebt sie auf das Glas auf.

Pfingstausflug
Plant einen Pfingstausflug (mit eurer Klasse oder mit der Familie).
Baut unterwegs eine kleine Schnitzeljagd ein: Ein Teil der Gruppe markiert den weiteren Weg mit Kreiden, Pfeilen, Stöcken. Es gibt auch Irr- und Umwege! Am Ziel ist ein Schatz versteckt.

17

Ein Geschenk des Himmels

Es lebte einmal hoch im Norden ein Eskimojäger mit seiner Familie. Um ihren Hunger zu stillen, mussten sie jagen. Sie aßen das Fleisch der erjagten Tiere und nähten aus ihren Fellen Kleidung. Oft saßen sie nach dem Essen stumm beieinander, bis sie sich gähnend schlafen legten.
So war es jeden Tag. Nur ab und zu fragte der jüngste Sohn: „Was könnten wir heute noch tun?"
„Schlafen", antwortete der Vater.
„Aber wir könnten zu den anderen Familien gehen, mit ihnen reden", meinte der Sohn.
Der Vater schüttelte nur den Kopf: „Die anderen Menschen schlafen jetzt auch."
So vergingen die Tage mit arbeiten und schlafen, bis eines Tages der jüngste Sohn allein auf der Jagd war. Da erspähte er einen Adler, der seine Kreise über ihm in der Luft zog. Er kam immer näher, bis er herabflog und sich dicht vor dem Jungen in den Schnee setzte. Es war ein junger und starker Adler mit einem schönen Gefieder. Dem Jungen wurde es bei seinem Anblick sonderbar zumute, und er ließ den gespannten Bogen sinken.
„Flieg fort, du bist so schön, dass ich dich nicht töten will", sagte der Junge zu dem Adler.
Plötzlich fing der Adler zu sprechen an: „Kleiner Jäger, komm mit in unser Lager. Dort will ich dir etwas schenken. Ich möchte dir die Gabe des Festes geben."
„Fest – was ist das?", fragte der Junge.
„Ein Fest macht die Herzen froh. Alle Freunde kommen zusammen, dann trommeln, singen und tanzen wir. Wer Feste feiert, ist nicht einsam."
Neugierig geworden ging der Junge mit dem Adler. Auf einem hohen Berg war das Lager der Adler. Schon von weitem rief der junge Adler: „Mutter, ich bringe einen Menschenjungen, dem ich die Gabe des Festes schenken möchte. Er hat noch nie ein Fest gefeiert."
Der Junge fürchtete sich zunächst vor der großen Adlermutter. Diese öffnete jedoch ihre weisen Augen und sprach: „Baut ein Festhaus und macht euch Trommeln, Kinder." Der junge Adler zeigte dem Jungen, wie man ein Fest

vorbereitet. Sie spannten Rentierhaut über einen Holzrahmen, um eine Trommel zu bauen und schnitzten aus Knochen Schlegel dazu.

„Denkt euch ein Lied aus", sagte die Adlermutter.

„Was ist ein Lied?", fragte der Junge.

„Nimm eine gute Erinnerung und finde Worte für sie. Und dann horch in deine Worte hinein. Es liegt eine Melodie in ihnen, die musst du hören lernen."

Der Junge erinnerte sich, wie er dem Adler begegnet war, und er horchte in sich hinein, bis er zu singen anfing.

„Tanzt dazu, Kinder", rief die Adlermutter. „Menschenjunges, dein Herz ist vor Freude gesprungen. Lass deine Beine es deinem Herzen nachmachen."

Der Junge sprang und schlug die Trommel dazu; er lachte vor Glück und sang sein Lied.

„Jetzt hast du die Gabe des Festes. Aber du hast sie nicht für dich allein bekommen. Du sollst sie mit den Menschen teilen", sagte die Adlermutter. „Trag ihn zurück in sein Land", wandte sie sich an den jungen Adler.

Der Adler trug den Jungen zurück in die Ebene, wo sie voneinander Abschied nahmen. Als der Junge wieder bei seiner Familie war, erzählte er von seinem köstlichen Geschenk.

Gemeinsam bereiteten sie nun ein Fest vor. Sie dachten sich Lieder aus, bauten Trommeln, tanzten, lachten und sprachen miteinander. Bei allem, was sie taten, überlegten sie, ob sie nicht ein Lied daraus machen könnten. Und so begannen sie, die Dinge um sich herum auf eine neue Art zu sehen.

nach einer Erzählung
von Lene Mayer-Skumanz

Was heißt „fester Brauch"?

... Am nächsten Morgen kam der kleine Prinz zurück.
„Es wäre besser gewesen, du wärst zur selben Stunde wiedergekommen", sagte der Fuchs. „Wenn du zum Beispiel um vier Uhr nachmittags kommst, kann ich um drei Uhr anfangen, glücklich zu sein. Je mehr die Zeit vergeht, um so glücklicher werde ich mich fühlen. Um vier Uhr werde ich mich schon aufregen und beunruhigen; ich werde erfahren, wie teuer das Glück ist. Wenn du aber irgendwann kommst, kann ich nie wissen, wann mein Herz da sein soll. Es muss feste Bräuche geben."

„Was heißt ‚fester Brauch'?", sagte der kleine Prinz.
„Auch etwas in Vergessenheit Geratenes", sagte der Fuchs. „Es ist das, was einen Tag vom andern unterscheidet, eine Stunde von den anderen Stunden. Es gibt zum Beispiel einen Brauch bei meinen Jägern. Sie tanzen am Donnerstag mit den Mädchen des Dorfes. Daher ist der Donnerstag der wunderbare Tag. Ich gehe bis zum Weinberg spazieren. Wenn die Jäger irgendwann einmal zum Tanze gingen, wären die Tage alle gleich und ich hätte niemals Ferien."

Antoine de Saint-Exupéry

Vorfreude ist oft die schönste Freude. Überlege, was du empfindest und welche Vorbereitungen du triffst, wenn du dich auf ein Fest freust.

Kapitel 2
Menschen fragen nach Gott –
Gott fragt nach Menschen

Auf der Suche

Türen öffnen oder schließen, lassen ein und schließen aus. Manchmal weißt du, was dahinter ist, und freust dich schon darauf. Manchmal hast du Angst und ahnst, dass hinter einer Türe Böses lauert.

Es gibt auch unsichtbare Türen. Türen nach innen. Herzenstüren. Auch sie kann man öffnen und schließen. „Der ist verschlossen", heißt es manchmal, oder auch: „Die hat sich abgekapselt."
Wie schließt man da wohl wieder auf?

Schön finde ich's, mit Freunden durch Türen zu gehen. Mit Menschen, denen ich vertraue. Da kann man auch mal fremde Türen leichter öffnen und spürt gemeinsam das Kribbeln. Bald wird so manche Tür vertraut, und neue Gemeinschaft entsteht.

Die Tür ins Freie ist, so meine ich, am schönsten. Da seh ich neues Land und atme frische Luft. So wünsche ich mir auch die Herzenstür: Dass sie sich öffnet hin zu neuem Land, und man ein Leben sieht, das grünt und blüht.
Ich hoffe, dazu finde ich den Schlüssel ...

Warum?

Marc irrte schon seit Stunden ziellos durch die Straßen der Stadt. Immer wieder ging ihm die schreckliche Szene vom Nachhauseweg durch den Kopf:
Um ihn der Kreis der brüllenden Kerle. Der Inhalt seines Schulranzens verstreut auf dem Asphalt. Er selbst am Boden herumkriechend, mit zerrissenen Hosen, dreckiger Jacke und rotzverschmiertem Gesicht, um seine Sachen einzusammeln. In seinen Ohren ihr höhnisches Lachen und in seinem Bauch eine grenzenlose Wut. Und immer wieder die Frage: „Warum ich? Ist niemand da, der mich leiden kann?"
Als er stehen blieb und sich umsah, um festzustellen wo er eigentlich war, bemerkte er, dass er schon eine ganze Weile an einer Mauer entlanggelaufen war. Sie war mit Graffitisprüchen besprüht. Gleichgültig überflog er die „Sprayerweisheiten" bis sein Blick an einem Wort hängen blieb …

Kannst du beschreiben, wie Marc sich fühlt?

Wo bleibt dein Blick hängen?

Gott-Sucher

Es war einmal ein König, der wurde an seinem Lebensende sehr traurig. „Schaut", sprach er, „ich habe in meinem Leben alles erreicht und gesehen, was menschenmöglich ist. Nur etwas hab ich nicht schauen können – Gott – ihn will ich auch noch sehen!"
Der König befahl allen Machthabern, Weisen und Priestern, ihm Gott zu zeigen. Er setzte ihnen eine Frist von drei Tagen und drohte ihnen mit den schlimmsten Strafen. Auch am dritten Tage blieben die Gefragten stumm. Wutentbrannt war er bereit, alle töten zu lassen.
Da öffnete sich die Tür und ein Hirt vom Felde kam herein. Er sprach: „Gestatte mir, o König, dass ich deinen Befehl erfülle."
„Gut", entgegnete der König , „aber bedenke, dass es um deinen Kopf geht."
Der Hirte führte den König hinaus und wies auf die Sonne. „Schau hin", sprach er.
Der König wollte in die Sonne blicken, aber der Glanz blendete seine Augen und er schloss die Augen.
„Willst du, dass ich mein Augenlicht verliere?", sprach er zu dem Hirten.

„Aber König, das ist doch nur ein Ding der Schöpfung, ein kleiner Abglanz der Größe Gottes, ein kleines Fünkchen seines strahlenden Feuers. Suche Gott mit anderen Augen."
Die Antwort gefiel dem König und vertrauensvoll fragte er ihn: „Was war vor Gott?"

Gott mit anderen Augen suchen. Was meint der Hirte wohl damit?

Nach einigem Nachsinnen meinte der Hirt: „Zürne mir nicht wegen meiner Bitte, aber beginne zu zählen!"
Der König begann: „Eins, zwei ..."
„Nein", unterbrach ihn der Hirte, „nicht so; beginne mit dem, was vor eins kommt."
„Wie kann ich das? Vor eins gibt es doch nichts."
„Sehr weise gesprochen, o Herr. Auch vor Gott gibt es nichts."
Der König war beeindruckt und fragte weiter: „Was macht Gott?"
Der Hirt bemerkte, dass sich das Herz des Königs zu öffnen begann und sagte: „Gut, lass uns die Kleider wechseln."
Bereitwillig legte der König die Zeichen seiner Königswürde ab, kleidete damit den Hirten, und zog sich selbst den unscheinbaren Hirtenrock an. Der Hirt setzte sich nun auf den Thron, ergriff das Zepter und wies damit auf den König: „Siehst du, das macht Gott: Die einen erhebt er auf den Thron, und die anderen heißt er heruntersteigen!"
Daraufhin zog der Hirte wieder seine eigenen Kleider an.
Der König aber stand ganz versonnen da. Das letzte Wort des schlichten Hirten brannte in seiner Seele. Und plötzlich sah er sich wie in einem neuen Licht und voller Freude sprach er: „Jetzt schaue ich Gott!"

nach Leo Tolstoi

Eure Mitschülerinnen und Mitschüler im katholischen Religionsunterricht haben ein ähnliches Thema ...

„Ihr werdet mich suchen und finden; denn wenn ihr mich von ganzem Herzen suchen werdet, so will ich mich von euch finden lassen."

Jeremia 29, 13

Verschiedene Sichtweisen

Tina: „Ich finde Gott wie ein Licht, das über uns strahlt. Er strahlt Liebe aus. Und ich kann Liebe nicht anders malen, wie als Licht."

Daniel: „Ich glaube eigentlich nicht so stark an Gott, weil ich kann nicht an etwas glauben, wovon ich nicht weiß, dass es das gibt."

Timo: „Gott, der ist ja auch irgendwie ein Geist oder so ... Und er kann ja nicht überall sein ... Sonst hätten ihn vielleicht auch die Weltraumfahrer gesehen."

Eva: „Ich glaube, dass es Gott zwar gibt, dass man ihn aber nur spüren kann, nicht sehen. Und manche Geschichte über Gott kann stimmen."

Ich sehe Gott so: ...

Andrea: „Gott kann Menschen beschützen und ihnen helfen. Und vielleicht kann er auch ein bisschen Frieden bei den Menschen schaffen, aber ich glaube nicht sehr viel. Da kann man nichts dagegen tun."

Melanie: „Gott wohnt eigentlich überall. Er ist unsichtbar ... er wohnt ... hier bei uns, überall auf der Erde. Zum Beispiel bei der Mathearbeit, da weiß ich, Gott ist bei mir."

Jan: „Ich glaube, dass Gott einfach in unseren Herzen ist. Ja, halt bei denen, die ihm sein Herz aufmachen."

„Stückwerk ist, was wir wissen. Stückwerk, was wir von Gott reden."
1. Korinther 13, 9
Vergleiche diese Aussage mit dem 1. und 2. Gebot.

Schlüssel-Erlebnisse

Menschen irren umher,
wissen nicht, dass sie suchen oder was sie suchen.
Sie stehen vor einer Mauer.
Andere wissen, dass sie Gott suchen,
aber sie finden ihn nicht.
Sie stehen wie vor verschlossenen Türen.

Hattest du schon einmal ein „Schlüsselerlebnis"?

Auch wenn die Vernunft dagegen spricht,
bleibt in solchen Momenten nur eines – Vertrauen.
Vertrauen, dass ich finden werde,
Vertrauen, dass ich Antwort bekomme,
Vertrauen, dass ich die Tür entdecke,
Vertrauen, dass sich die Tür öffnet.

Viele Menschen haben schon gesucht und gefunden.
Viele Menschen haben Gott entdeckt
und sich für ihn geöffnet.
Sie haben vertraut.

Kennst du Menschen, die dich durch ihr Vertrauen zu Gott nachdenklich gemacht haben?

Manche von ihnen leben nicht mehr, aber ihre
Erfahrungen mit Gott sind lebendig und weisen auf
die Tür. Andere leben noch, sie sind offen für die
Fragen von Suchenden und machen ihnen Mut, an die
Tür zu klopfen. Sie können die Suchenden begleiten.

Menschen erfahren – Gott befreit

Das Volk Israel war lange Zeit in Ägypten gefangen gewesen und musste Sklavenarbeit verrichten.
Die Unterdrückung wurde schließlich so groß, dass viele der Israeliten fast verzweifelten, manche sogar die Hoffnung auf ihren Gott aufgegeben hatten.
Aber andere schrien umso lauter:
„Wo bist du, Gott? Hast du deine Kinder vergessen?"
Und Gott erhörte sein Volk und versprach ihnen die Freiheit ...

Mirjams Lied

Ich will tanzen und springen, glücklich sein wie ein Kind.
Freut euch mit mir, denn Gott hat mich gerettet.
Kommt, reiht euch ein und lobt Gott von ganzem Herzen.
„Singt dem Herrn ein Lied, denn er ist erhaben!
Rosse und Wagen warf er ins Meer."
Ich war gefangen und meine Seele war wie tot.
Jetzt bin ich endlich frei.
Gott riss für mich das Tor zur Freiheit auf.
Hinter mir lass ich den Krieg, den Tod.
Vor mir liegt die Freiheit, das Leben.
Singt und lobt Gott, halleluja, der mich belebt und mich beschützt.
Halleluja, Gott kämpft für mich.
Meinem GOTT glaube ich und IHM vertraue ich, denn ER führt mich hinaus ins Weite.

Betrachte das Bild auf der linken Seite! Vergleiche es anschließend mit den beiden Liedern dieser Seite.

*Lies das 1. Gebot und vergleiche mit 2. Mose 20, 2.3, wo es heißt: „Ich bin Jahwe, **dein Gott**, der **dich** aus Ägypten geführt hat; aus dem Sklavenhaus. Du sollst neben mir keine anderen Götter haben."*

*Gott macht frei. Vervollständige den Satz: „**Mein Gott**, der **mich** ... "*

Come and go to that land

2. There is joy in that land ...
3. Peace and happiness in that land ...
4. Come and go to that land ...

Melodie: Spiritual
deutscher Text: Bernd Schlottoff
© Hänssler-Verlag, Neuhausen-Stuttgart

Menschen erfahren – Gott schenkt Gemeinschaft

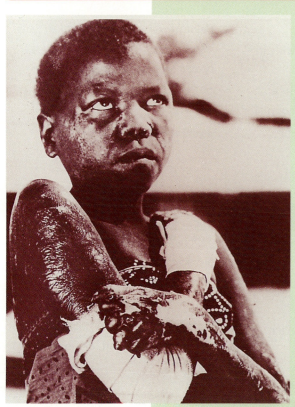

*„Herr, errette mich aus dem Dreck,
dass ich nicht versinke.
Verbirg dein Angesicht nicht vor mir.
Ich warte, ob es jemand jammert,
aber da ist niemand,
ich hoffe auf Tröster,
aber ich finde keine."*

aus Psalm 69

Seit Wochen sitze ich hier zusammen mit neun anderen Kranken in der Aussätzigensiedlung. Seit mir der Priester sagte, dass ich den Aussatz habe, bin ich von der Gemeinschaft ausgeschlossen. Alle Menschen, sogar meine eigene Familie, dürfen nicht mit mir in Berührung kommen. Sehen mich die Leute auf der Straße, rufen sie entsetzt: „Igitt!" Kommen Fremde auf mich zu, muss ich „Unrein!" rufen, damit sie mir rechtzeitig aus dem Weg gehen können.
Ich leide unter dieser Krankheit. Mein Leben erscheint mir sinnlos. Ich fühle mich einsam. Kein Mensch schenkt mir mehr Beachtung. Ich glaube, auch Gott hat sich von mir abgewandt.
Während ich euch das erzähle, sehe ich da vorne eine Gruppe Menschen auf uns zukommen. Ich muss mit den anderen vor die Türe und sie warnen. Wir rufen ihnen entgegen: „Unrein, unrein!" Trotzdem löst sich einer aus der Gruppe und kommt direkt auf uns zu. Der zeigt überhaupt keine Angst vor unserer Krankheit. Ob das vielleicht dieser Jesus ist, von dem die Leute erzählen, er habe die göttliche Gabe des Heilens?
„Jesus", flüstere ich. „Herr, erbarme dich!", schreie ich. Auch die anderen rufen aus Leibeskräften: „Herr, erbarme dich!"

Schlage in einem Lexikon nach, was du unter den Begriffen „Aussatz" und „Lepra" findest.

„Schaut nur, er hört uns! Er kommt! Er läuft nicht weg! Er hat ein Herz für uns!" Er steht mir nun genau gegenüber. „Seid still, ich höre sonst nicht, was er sagt!"
Ganz ruhig schaut er mich an und sagt: „Zeigt euch den Priestern!" Ich kann es nicht fassen. Habe ich richtig verstanden? Wir sollen uns den Priestern zeigen? Was soll das bedeuten? Nach dem Gesetz darf doch nur der Geheilte zum Priester. Bin ich etwa geheilt? Fragend schaue ich zu Jesus. Durch seinen Blick bekomme ich Mut. Ich fasse Vertrauen und mache mich auf den Weg. Ich will ihm glauben.
Ich bin noch unterwegs, aber ich spüre, es passiert etwas mit mir. Könnt ihr es sehen?

Vergleiche diese Geschichte mit Lukas 17, 11 – 19!
In welcher Beziehung könnten die Bilder dieser Doppelseite und die beiden Erzählungen stehen?

Menschen erfahren – Gott begleitet

Paul Gerhardt

Manche sagen, die Beatles seien unsterblich oder Mozart oder Michael Jackson. Sie und viele anderen hätten sich „verewigt" durch ihre Musik. Wenn man genau hinschaut, ist es aber nicht nur der einmalige Sound, der solche „Stars" in die „ewigen" Charts bringt, sondern auch oder mehr noch das Drumherum: die revolutionäre Frisur, die perfekte Bühnenshow, die Liebschaften, das tragische Leben.

In der Jahrtausendhitliste der Kirchenlieddichter steht nach Martin Luther an zweiter Stelle Paul Gerhardt. Er hat nur die Texte gemacht, die Melodien lieferten damals berühmte Orgelspieler. Was hat ihn in die Kirchenlied-Charts gebracht? Keine Megashow, keine Skandale, keine kreischenden Fans. Einzig und allein die ungeheure Glaubenskraft, die aus seinen Liedern sprach, faszinierte die Menschen.

Geboren ist Gerhardt 1607 als zweiter Sohn eines Gastwirtsehepaares, in der Kleinstadt Gräfenhainichen, gut 20 km südlich der Lutherstadt Wittenberg in Sachsen; zwei Schwestern wurden noch geboren. Ehe Paul die Schule beenden konnte – er war 12 – starb der Vater, zwei Jahre später die Mutter. Durch Mithilfe von Verwandten kann er mit seinem älteren Bruder die höhere Schule besuchen. In dieser evangelischen Fürstenschule ging es so streng zu, dass der ältere Bruder ausriss und ohne Abschluss entlassen wurde. Paul biss sich durch: Kalte, nasse Schlafzellen, von früh um fünf bis abends um sieben Beten, Lektionen, überwiegend Latein, Singen, karges Essen, Beten, Bibel, Lektionen … Einmal in der Woche Spaziergang in Reih und Glied, nur alle zwei Jahre zwei Wochen Ferien zu Hause. Außerhalb der Schulmauern tobte ein entsetzlicher Krieg, der 30 Jahre (bis 1648) andauern sollte und Hunger, Pest und Elend mit sich brachte. Kaum zu glauben, dass er später ein so frohes Lied dichten kann:

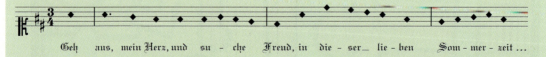
Geh aus, mein Herz, und suche Freud, in dieser lieben Sommerzeit …

Trotz der notvollen Umstände darf er studieren, im berühmten Wittenberg. Er will Pfarrer werden. Wohl aus Ehrfurcht vor dem hohen geistlichen Amt bleibt er jahrelang Vikar und verdient seinen Unterhalt als Privatlehrer. Im Jahr 1637 will er zu Besuch nach Hause. Er findet seinen Heimatort, Kirche, Schule, Schloss, die Häuser, die elterliche Gaststätte, alles in Schutt und Asche. Sein älterer Bruder stirbt mit 32 Jahren an der Pest.

Schon in seinen ersten Liedern kommt das tiefe Gottvertrauen Paul Gerhardts zum Ausdruck:

Viele Dank-, Bitt- und Lobverse Gerhardts sind zum festen Gebetsgut über Jahrhunderte geworden und geben Menschen Kraft und Trost bis heute. Als der Krieg zu Ende ist, tritt der damals noch wenig bekannte Dichter seine erste Pfarrstelle an (1651). Kurz darauf heiratet er, immerhin schon 48 Jahre alt. Das erste Kind stirbt mit acht Monaten. Das zweite und dritte in den Jahren darauf, das fünfte dann im Jahre 1665. Als drei Jahre später auch Gerhardts geliebte Ehefrau stirbt, war das einzig überlebende Kind Paul Friedrich gerade sechs Jahre alt, er selbst 61! Alt und müde aber war er nicht nur vom Sterben und Tod um ihn herum. Auch ein langjähriger Streit mit seinem Kurfürsten um die rechte evangelische Lehre und Amtsgewalt in der Kirche bedrängte ihn. Noch zu Lebzeiten seiner Frau wurde er aus dem treu geführten Pfarramt entlassen. Trotz allem dichtet er:

„Gib dich zufrieden und sei stille in dem Gotte deines Lebens ...
Er sieht und kennet aus der Höhe der betrübten Herzen Sorgen.
Er zählt den Lauf der heißen Tränen
und fasst zuhauf all unser Sehnen.
Gib dich zufrieden!" aus EG 371

Unerschütterlich hält er an Gott fest. Davon zeugen seine Lieder und werden so zu beeindruckenden Glaubenszeugnissen.
Paul Gerhardt stirbt, wieder ins Pfarramt eingesetzt, 1676 in Lübben (Spreewald).

Suche aus dem Paul-Gerhardt-Lied Nr. 371 im Gesangbuch Verse heraus, die zu bestimmten Erlebnissen und Stationen im Leben des Lieddichters passen!
Kannst du dir erklären, wie von diesem Menschen trotz seiner vielen schweren Erlebnisse so viel Glaubenskraft und Hoffnung ausstrahlen konnte?

Zugänge verbauen – Zugänge öffnen

Zu einer weisen Frau kam ein einsamer Wanderer, um sich Rat zu erbitten.

„Wissende", sprach er, „ich möchte erfahren, was mich von Gott trennt."

Die Frau sah ihn an und forderte ihn auf, ihr zu folgen. Sie führte ihn zu einer Tür. Ruhig öffnete sie die Tür und gab so den Blick auf eine wunderschöne, weite Landschaft frei. Der Mann war ergriffen. Ohne weiter auf ihn zu achten, fing sie an Steine auf die Schwelle zu legen. Entsetzt rief der Mann: „Was tust du? Du verbaust mir den Ausblick!"

Kopfschüttelnd schaute sie ihn an und sagte: „Ich versuche nur, das, was ist, sichtbar zu machen."

Zögernd, mit Blick auf die Steine, sagte er: „Meinst du, mein Zugang zu Gott ist durch Steine verbaut?"

„Diese Frage kannst nur du selbst beantworten."

Lange starrte er auf die Steine und erinnerte sich all der Erlebnisse, die sein Leben erschwert hatten. Momente, in denen er unehrlich war, unversöhnte Streitereien, Neid auf den Erfolg von anderen, Unterwürfigkeit gegenüber Stärkeren, Gier nach Reichtum. Niedergeschlagen blickte er sie an. Vorwurfslos und freundlich erwiderte sie seinen Blick und griff dabei nach den Steinen: „Komm, räumen wir die Steine beiseite!"

Ihre Freundlichkeit und Tatkraft lösten ihn von seiner Traurigkeit, und er half den Zugang frei zu räumen. Dabei war ihm, als spürte er bei jedem Stein, den er wegnahm, wie ihm leichter und freier ums Herz wurde. Unwillkürlich tauchten helle Bilder aus seinem Leben in ihm auf. Augenblicke, in denen er zusammen mit anderen etwas geschafft hatte, Momente, in denen er fröhlich und hoffnungsvoll war und so Schwierigkeiten überwunden hatte. Als alle Steine weg waren, standen beide schweigend da, den Blick in die Weite gerichtet ...

Martin Luther sagt: „Woran du dein Herz hängst, da ist dein Gott." Hiervon ist auch in dieser Erzählung die Rede ... Lies 2. Mose 32, 1-6 und 30-35.

Jesus sagt:
Bittet,
so wird euch gegeben;
suchet,
so werdet ihr finden;
klopfet an,
so wird euch aufgetan.
Lukas 11, 9

Lichtschranke. Die Glastüre öffnet automatisch. Dahinter oft: Gewimmel und Gewühl. Menschenmassen. Stress und Hektik. Keiner kennt dich.

Stell dir vor, es gäbe Lichtschranken in den Himmel ...

Eine andere Tür: Mit Klingel oder Klopfer. Du siehst Licht, weißt, es ist jemand zu Hause, gleich wird geöffnet. Wirklich? Wie, wenn sie nicht mag? Wie, wenn er nichts mehr wissen will von dir?

Klopf an, sagt Jesus. Anklopfen ist wichtig. Wer anklopft, bekommt Einlass. Wer bittet, wird erhört. Dazu erzählt er eine Geschichte: Stell dir vor, du hast einen Freund. Der kommt zu dir um Mitternacht, klopft heftig und ruft: „Mach auf, hilf mir, ich habe Besuch bekommen. Bitte, Freund, bitte leih mir Brot, Käse und Wein für meinen Gast!" Ich sage dir: Selbst wenn du denkst: Meine Kinder schlafen, die Unruhe im Haus stört sie jetzt – du würdest doch öffnen! Nicht nur, weil er dein Freund ist, sondern vor allem, weil er so hartnäckig bittet!
Glaub mir: Gott macht auf, wenn du anklopfst. Gott hört dich, wenn du rufst!

Weitere „Anklopfgeschichten" findest du in Matthäus 15, 21-31 oder 7, 7-11.

nach Lukas 11, 5f.

35

Unser Vater – Vaterunser

Vater unser im Himmel.
Papa, Mama im Himmel.
Dein Kind bin ich. Ich vertraue dir.
Ich darf mit allem zu dir kommen.

Geheiligt werde dein Name.
Dein Name ist heilig. Wenn ich Gott sage,
darf ich alles hoffen, alles bitten, alles erwarten.
Zum Fluchen taugt dein Name nicht.
Auch nicht für coole Sprüche.

Dein Reich komme.
Manchmal träume ich von einem wunderbaren Land. Einem Land voller Liebe, ganz ohne Kampf und Krieg. Wo alle satt werden und niemand frieren muss. Ein Land, in dem ein jeder seine Arbeit hat und alte Menschen nicht arm und einsam sein müssen. Ein Land, in dem die Fans von zwei gegnerischen Vereinen Freudenfeste miteinander feiern.

Dein Wille geschehe, wie im Himmel, so auf Erden.
Dein Wille ist es, dass ich lebe.
Nur ein einziges Mal gibt es mich auf der Welt.
Jedes Leben ist einmalig. Das achte ich.
Aus Liebe hast du mich geschaffen. Aus der Liebe soll ich leben: Aus Liebe zu dir, zu mir, zu meinen Mitmenschen.
Das ist dein Wille.

Unser tägliches Brot gib uns heute.
Was brauche ich nicht alles wie das tägliche Brot?
Essen, Trinken, Luft zum Atmen, Bäume, Freunde …
Fußball, Schwimmen, Spaß und sogar die Schule …
Ja, viele Dinge brauche ich wie das tägliche Brot, und manchmal ist es auch nur ein kleines Wort.

Und vergib uns unsere Schuld, wie auch wir vergeben unsern Schuldigern.
Manchmal könnte ich davonlaufen. Ich fange einen dummen Streit an und meine beste Freundin ist mir böse. Ich werde beschuldigt, obwohl ich nichts dafür kann. Schuld gibt es auf allen Seiten. Wenn nicht einer einen Schritt auf den anderen zu macht, geht vieles kaputt, manchmal für immer. Jesus sagt: Gott verzeiht. Tu du es auch. Du verlierst nichts, du gewinnst.

Und führe uns nicht in Versuchung.
Wo suche ich oft mein Glück und mein Heil? In Dingen, die morgen schon kaputt sein können. Bei Menschen, die über mich bestimmen – und oft merke ich es nicht –, die mir sagen: „Du bist toll!" und haben dabei nur Hintergedanken. Ich will cool sein und mache doch nur nach, was andere mir vormachen. Ich möchte mich nicht verlaufen. Zeig mir einen guten Weg, Gott!

Sondern erlöse uns von dem Bösen.
Hass, Neid, Krieg, Verbrechen, Umweltzerstörung, Eifersucht und andere Süchte – das Böse hat viele Gesichter. Manchmal ist es ganz nahe und macht entsetzliche Angst. Erlöse uns, Gott. Schenk uns Frieden. Gib uns Kraft zur Liebe, die stärker ist als der Tod.

Denn dein ist das Reich und die Kraft und die Herrlichkeit in Ewigkeit. Amen.

Die Tür ist offen!

Danke für diesen guten Morgen, danke für jeden neuen Tag. Danke, dass ich all meine Sorgen auf dich werfen mag.

Text und Melodie: Martin Gotthard Schneider (1961) 1963

Und ob ich schon wanderte im finstern Tal,
fürchte ich kein Unglück;
denn du bist bei mir,
dein Stecken und Stab trösten mich.

Psalm 23, 4

Gott, hörst du mich? Mir geht's schlecht.
Hilf mir!
Meine Eltern verlangen so viel von mir!
Stundenlang muss ich lernen.
Ich streng mich ja auch an,
aber wenn dann das Blatt vor mir liegt,
ist alles weg. Keiner glaubt mir.
Hilf mir, lieber Gott!

Die Tür zu Gott ist immer einen Spalt breit offen.
Du kannst sie ganz weit aufschwingen
mit Gedanken und mit Worten;
mit eigenen oder mit gelernten.
Allein oder mit anderen.
Im Sitzen oder Liegen, laut oder leise, traurig oder froh.
Die Tür ist nicht verschlossen.

Wir wollen danken fürs täglich Brot.
Wir wollen helfen in aller Not.
Wir wollen schaffen, die Kraft gibst du.
Wir wollen lieben, Herr, hilf dazu. Amen.

Der Tag ist nun zu Ende.
Ich falte meine Hände
und mach die Augen zu.
Mein Gott, gib du mir Ruh
und guten Schlaf dazu.
Hab Dank für diesen Tag.
Schütz alle, die ich mag.
Schütz alle Menschenkinder.
All unsre Sorgen, Angst und Not
teilst du mit uns,
mein treuer Gott. Amen.

Bestimmt fallen dir zu den hier aufgeführten noch andere Worte ein, Gebete, mit denen du die Tür zu Gott öffnen kannst ...

Türen zum Leben

1. Gott ist anders als wir denken.
Er ist für uns kein frommer Traum.
Nur Gott kann unser Leben lenken,
denn er schwebt nicht im Weltenraum.

2. Gott passt nicht in unsre Formen.
Er ist anders, er ist Gott.
Er hat seine eigenen Normen,
die nicht begrenzt sind durch den Tod.

3. Gott ist täglich gegenwärtig,
er ist immer für uns da
und auch dann nicht mit uns fertig,
wenn er viel Unrecht bei uns sah.

4. Gott ist anders, als wir denken.
Wir verdammen, er vergibt;
wo wir fordern, will er schenken.
Gott ist anders, weil er liebt.

Text und Melodie: Kurt Rommel
Strube Verlag, München-Berlin

Kapitel 3
Mit Macht verantwortlich umgehen – David

Unter Macht leiden

Ein Alptraum

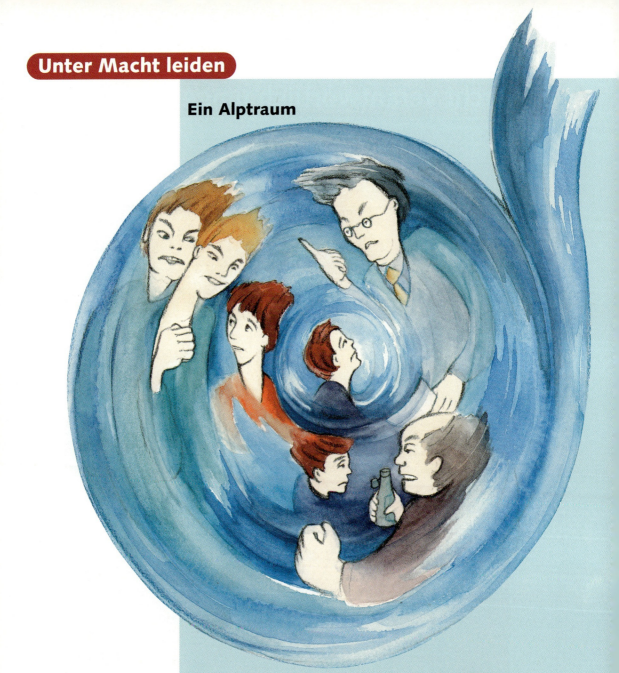

*Das Wasser geht mir bis an die Kehle.
Ich versinke im tiefen Schlamm, wo kein Grund ist.
Ich bin in tiefe Wasser geraten, und die Flut will mich ersäufen.
Ich habe mich müde geschrien, mein Hals ist heiser.*

Psalm 69, 1 – 4

Am Montagmorgen kommen in der Pause drei Schüler aus der 9. Klasse zu Thorsten. Einer rempelt ihn an, ein anderer hält ihm die geballte Faust vor das Gesicht. Dann drücken sie Thorsten einen gefalteten Zettel in die Hand und verschwinden wieder.

Dass sich Thorsten verändert, fällt auch seinen Mitschülern auf. Mirko denkt: „Thorsten hat wohl ein Problem. Was ist nur mit ihm los? Seit gestern ist er ganz anders. Heute ist er nicht mal mit mir zur Schule gegangen. Ob ich ihm etwas getan habe? Manchmal schaut er ganz unglücklich. Auf dem Pausenhof sitzt er auch ganz alleine herum – selber schuld, wenn er nicht mitspielen will. Aber vielleicht ist er ja auch krank, oder hat Angst vor der Mathe-Probe? Ob ich ihn mal fragen sollte? Vielleicht erzählt er mir ja etwas und ich könnte ihm helfen. Ich geh' einfach mal hin …"

Du kannst dir Thorstens Gefühle sicher gut vorstellen.

Macht haben

Einige Lösungen helfen Thorsten nicht weiter ...
Du kennst noch andere Möglichkeiten ...
Spielt das Gespräch in eurem Unterricht ...

Obwohl das Problem nicht gelöst ist, fühlt sich Thorsten besser ...

„Hoffentlich geht der Tag gut vorüber", denkt Thorsten. „Aber zumindest bin ich nicht mehr alleine. Seit die anderen bei mir sind, fühle ich mich besser. Es ist wichtig Freunde zu haben. Jetzt werden wir es schon irgendwie schaffen."

Josua, Dan und Manasse arbeiten auf einem Feld bei Hebron. Die Arbeit ist schwer, denn der Boden ist trocken und hart und der Pflug bleibt an den vielen Steinen hängen.

Josua: Eine Plackerei ist das. Wenn das so weiter geht, ist unser Pflug in Kürze verbeult und krumm und stumpf dazu.

Manasse: Wir können froh sein, wenn er uns nicht abbricht.

Josua: Abbrechen! Das würde uns ja gerade noch fehlen. Da könnten wir das Feld für dieses Jahr vergessen. Außer Unkraut würde dann da nichts wachsen können.

Dan: Da hast du recht, bis wir einen neuen Pflug beschaffen wird es Tage und Wochen dauern.

Manasse: Und alles nur wegen der Philister. Eine Wut habe ich auf die. Sie sind die einzigen, die uns Eisenwaren liefern oder reparieren können, und diese Macht nutzen sie natürlich schamlos aus.

Josua: Wisst ihr noch, was das für ein Theater war, bis wir diesen Pflug bekommen hatten. Viele Male musste ich als Bittsteller zu den Philistern gehen, dabei hatte ich das Geld zusammen. Sie wollten mich einfach nur demütigen.

Dan: Ach, wir sind doch selber daran schuld, wenn wir uns von denen so behandeln lassen.

Manasse: Du hast schon Recht, wir müssten uns zusammenraufen, wir Israeliten, und den Philistern zeigen, wer hier die Macht hat.

Josua: Doch wie soll das geschehen? Wir bräuchten zuerst einmal einen König, der uns zusammenhält und führt, dann ist das mit den Philistern eine einfache Sache.

Königsmacht

Auf der Suche nach zwei verloren gegangenen Eselinnen bittet Saul den Propheten Samuel um Rat. Samuel gibt Saul eine Auskunft, die seine Frage zwar auch beantwortet, jedoch dazu sein bisheriges Leben als Viehhirte völlig verändert. Von Gott beauftragt salbt Samuel Saul zum ersten König von Israel. So erfüllt Gott die lange Bitte seines Volkes nach einem politischen Führer, vor allem im Kriegsfall. Gott schenkte Saul ein „verwandeltes Herz", sodass er für seine Aufgabe gerüstet war.

1. Samuel 9, 1 – 10, 16

Die Salbung ist ein uralter religiöser Brauch. Sie bedeutet: Weihe zum König oder zum Priester.
Bei der Salbung wird das Haupt des Menschen, der geweiht wird, mit einer Mischung von Olivenöl und wohlriechenden anderen Ölen eingerieben.

Saul war der Sohn wohlhabender Bauern. Er war groß gewachsen und überragte sein Volk. Auch als König blieb Saul Bauer. Er hatte sechs Kinder.

Saul gelang es bei der ersten Bedrohung seines Landes durch die Ammoniter sein Volk wie „ein Mann" mit sich in den Krieg ziehen zu lassen. Durch diese Einigkeit untereinander, gepaart mit der Kriegslist von Saul, gelang es, die Feinde siegreich zu bekämpfen.
Auch gegen die Philister kämpfte Saul immer wieder erfolgreich.

1. Samuel 11, 1 – 15

Zu Beginn seiner Königszeit hatte Saul Samuel als seinen Freund und Berater zur Seite. Immer wenn schwierige Entscheidungen zu treffen waren, war es Saul wichtig welche Stellungnahme Samuel abgab, denn er war von Gott als Prophet beauftragt.
Mit der Zeit nahm sich Saul als König die Freiheit auch gegen die Ratschläge von Samuel zu handeln. Die Beziehung zwischen beiden war zerrissen.

1. Samuel 15

Ohne Samuel wird Saul traurig und schwermütig. Überall sieht er nur die Sorgen und Probleme. Jeder Handgriff, jeder Gedanke, jede Bewegung ist ihm zu viel. Auf seine Besucher wirkt er wie ein kranker und frühzeitig gealterter Mann. Der junge Bauernsohn David kann dem König Saul helfen. David versteht es, auf seiner Harfe schöne Melodien zu spielen. Diese Musik entspannt den König und lässt ihn ruhiger und fröhlicher werden.

1. Samuel 16, 14 – 23

Eine Harfe war ein kostbares Instrument, da das Holz aus Nordsyrien kam. Die Saiten waren aus Hanf gedreht, der im Libanon wuchs. David, so wird an mehreren Stellen überliefert, war wohl ein musischer Mensch, der die Begabung hatte, sowohl mit Melodien umgehen zu können als auch Texte für Lieder zu schreiben.

Genaueres erfährst du, wenn du bei den angegebenen Bibelstellen nachliest.

In Gottes Hand

Strophen (V)

Ich sitze oder stehe, ich liege oder gehe, du hältst stets deine Hand über mir.
Du siehst all meine Wege, du kennst all meine Rede, denn ich kann nichts verbergen vor dir.

Kehrvers (A)

Von allen Seiten umgibst du mich, o Herr. Du bist nicht zu begreifen. Dir sei Lob, Preis und Ehr.

2. Bin ich in Schwierigkeiten, / so willst du mich begleiten, / dein Auge ruht doch immer auf mir. / Ich kann dir nicht entrinnen, / was ich auch mag beginnen, / an allen Tagen bist du bei mir. / *Kehrvers*

3. Du kennst mein ganzes Leben, / das du mir hast gegeben / und weißt, / dass ich dich sehr oft betrübt. / Hilf, dass ich deinen Willen / kann jederzeit erfüllen, / dir folgen, weil du mich so geliebt. / *Kehrvers*

Text und Melodie: Karl-Heinz Willenberg
Oncken Verlag, Wuppertal und Kassel

Es gibt Tage, an denen einzelne Liedverse gut zu deinem Leben passen. Erfinde eine weitere Liedstrophe, die die Erlebnisse von dir oder Thorsten beschreibt.

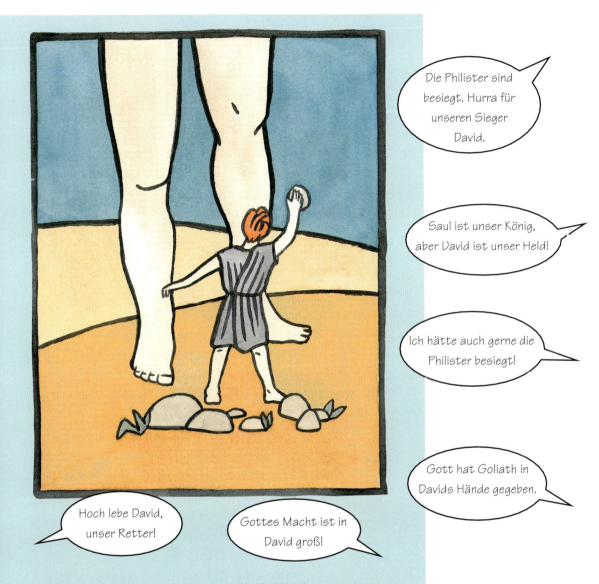

Im Orient erzählte man sich damals die Geschichte von einem starken Riesen, der von einem mutigen Jungen im Zweikampf besiegt wurde. Die Israeliten trauten auch David eine solche Tat zu.
Bei Saul dagegen herrschte keine Freude, als er die Geschichte von David und Goliath hörte. Er spürte den Neid in sich wachsen …

Barmherzige Macht

Träge liegt David in der Morgensonne auf einem Felsvorsprung über dem Tal von En-Gedi. Seit Tagen lassen er und seine Männer es sich hier gut gehen. Frisches Wasser und Früchte stärken sie. Jäh werden Sie von einem Kundschafter aufgeschreckt: „Saul mit seinem Heer ist ganz nahe! Die Gefahr ist groß! Sie kommen das Tal hoch!"

David springt auf, seine Männer ihm nach. Sie verschwinden in einer nahegelegenen Höhle. Ganz tief hinein gehen sie. Hinten in der Dunkelheit suchen sie Schutz. So geht es David nun schon seit Jahren, seit ihn Saul in seiner Eifersucht vom Königshof gejagt hatte und ihm nach dem Leben trachtet.

Immer näher kommt Saul mit dem Heer. „Ruhe! Wir dürfen uns nicht selbst verraten!", das sind noch Davids Worte, als im Eingang der Höhle eine Gestalt steht. Groß und hoch gewachsen – König Saul. Er geht hinein und setzt sich hin.

David schleicht sich an Saul heran, ganz nahe. Dann zieht er sein Messer und fasst den Mantel des Königs. Mit einer schnellen, leisen Bewegung schneidet er ein Stück Stoff ab.

Davids Männer sind sprachlos. Das können sie nicht verstehen. Warum ist der König noch nicht tot?

Du weißt aus deinem Deutsch-Unterricht, wie ein Klassengespräch geführt wird. Diskutiert miteinander:
„Das Verhalten von David ist klug." –
„Das Verhalten von David ist dumm."

Ohne etwas bemerkt zu haben, geht Saul wieder hinaus. David folgt ihm. Seine Freunde haben neue Hoffnung. Bald werden sie die Soldaten des neuen Königs David sein. Nur eine schnelle Bewegung noch …
Doch wieder handelt David anders. Er spricht Saul an und zeigt ihm den Stofffetzen.

Was David ihm nun sagt, beschämt ihn:
„Wie könnte ich dich umbringen, dich den Gesalbten Gottes. Ich bin nicht boshaft, so wie du es über mich erzählst. Warum jagst du mich, der ich dir gar nichts getan habe?"
Und Saul …

Kurz danach stirbt König Saul mit seinen Söhnen in der Schlacht im Gebirge Gilboa. Der neue König der Israeliten heißt David.

Ein freies Herz?

So ist es doch:
Um barmherzig sein zu können brauche ich ein freies Herz.
Doch viele Gedanken schnüren mir mein Herz ein.
Mühsam kämpfe ich für die Freiheit meines Herzens.

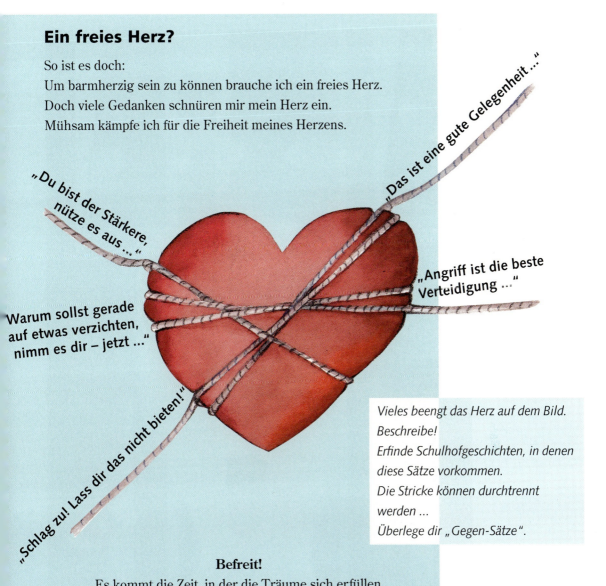

„Das ist eine gute Gelegenheit ..."

„Du bist der Stärkere, nütze es aus ..."

„Angriff ist die beste Verteidigung ..."

„Warum sollst gerade auf etwas verzichten, nimm es dir – jetzt ..."

„Schlag zu! Lass dir das nicht bieten!"

Vieles beengt das Herz auf dem Bild. Beschreibe!
Erfinde Schulhofgeschichten, in denen diese Sätze vorkommen.
Die Stricke können durchtrennt werden ...
Überlege dir „Gegen-Sätze".

Befreit!
Es kommt die Zeit, in der die Träume sich erfüllen,
wenn Friede und Freude und Gerechtigkeit
die Kreatur erlöst.
Dann gehen Gott und die Menschen Hand in Hand,
dann gehen Gott und die Menschen Hand in Hand.

Missbrauchte Macht

Schaue genau hin. Du siehst ein Bild und ein Wort.
Fallen dir Geschichten und Gedanken zu dem Bild ein?
Prüfe, ob dazu das Wort passt.

Wie immer treffen sich die Frauen am Brunnen um frisches Wasser für zu Hause zu holen. Es gibt immer etwas zu erzählen. Heute sind es Neuigkeiten aus dem Königspalast.

Ruth: Habt ihr schon gehört, unser König hat sich eine neue Frau genommen. Bathseba heißt sie, jung und hübsch ist sie, und schwanger soll sie auch schon sein.

Miriam: Und Witwe ist sie auch schon – dank David.

Rahel: Was hat das mit König David zu tun? Der Mann der Frau ist im Krieg gefallen …

Miriam: … absichtlich in die erste Reihe geschickt – von unserem ach so liebenswerten, machtgierigen König David.

Ruth: Nützt jetzt unser König auch schon seine Macht aus, um verheiratete Frauen an den Hof zu holen. Es ist eine Schande. Es gibt doch noch viele unverheiratete junge Mädchen und Frauen in der Stadt, also ich zum Beispiel …

Debora: Mir tut sie leid, die Bathseba. Sie hatte keine Möglichkeit sich zu wehren und Nein zu sagen.

Miriam: Einen Zorn habe ich. Wieso missbraucht der König seine Macht für so etwas? Den gottesfürchtigen Mann spielen und dann …! Wo hat er denn seine Macht als König her?

Lea: Sei doch nicht so streng mit dem König. Wer handelt schon immer richtig?

Rahel: Weißt du, Miriam, da trifft es Frauen in unserem Land oft viel härter als die junge Witwe, die nun die Frau des Königs ist. Diese Frau hat zumindest finanziell keine Sorgen mehr.

Miriam: Stimmt schon, aber ich komm nicht über die Ungeheuerlichkeit hinweg, dass David einen Mord begeht.

Debora: Ob sich einer traut, dem König David das so deutlich zu sagen? So kann's jedenfalls nicht weitergehen.

Es gibt einige, die behaupten: David hat gar keine Schuld.
Du erfährst auch viel über die Gedanken und das Handeln von David. Lies nach bei 2. Samuel, Kapitel 11.

Einsicht gewinnen

Nathan ist der Berater von König David. Er ist ein weiser und angesehener Mann am Königshof. Viele sagen: Nathan ist ein Mann Gottes – er spricht im Auftrag Gottes. Auch David hört auf den Ratschlag von Nathan. Kurz nach dem Geschehen mit Bathseba und Uria geht er zu König David und sagt:

DU BIST DIESER

„Ich muss dir einen Rechtsfall vortragen: Zwei Männer lebten in derselben Stadt. Der eine war reich, der andere arm. Der Reiche besaß viele Schafe und Rinder. Der Arme hatte nur ein einziges Lamm. Er hatte es sich gekauft und zog es zusammen mit seinen eigenen Kindern auf. Es aß von seinem Teller, trank aus seinem Becher und schlief in seinem Schoß. Er hielt es wie eine Tochter.

David hat gegen Gottes Gebote verstoßen ...
Im Gesangbuch findest du alle Gebote mit Auslegungen.

Überlege, wen das betrifft!

„Gott gab uns Leben,
dass wir es fördern und entwickeln.
Er möchte nicht,
dass wir zerstören,
was er schuf.
Dass wir einander nicht ums Leben bringen,
dass wir einander leben helfen,
das will Gott."
Peter Klever

MANN, DAVID

Eines Tages bekam der reiche Mann Besuch. Er wollte keines von seinen eigenen Schafen oder Rindern für seinen Gast hergeben. Darum nahm er dem Armen das Lamm weg und setzte es seinem Gast vor."
Vom Zorn gepackt fuhr David auf und rief: „So gewiss der Herr lebt: Dieser Mann muss sterben! Das Lamm muss er vierfach ersetzen. Wie konnte er so etwas Gemeines tun!"

Kehret um, kehret um, und ihr werdet leben.

Text: Hesekiel 18,32
Melodie: Christian Kröning
tvd-Verlag, Düsseldorf; Carus-Verlag, Stuttgart

Nach der Begegnung mit Nathan besinnt sich David.

„Um deines Namens willen, Herr, vergib mir meine Schuld, die so groß ist! Die Angst meines Herzens ist groß; führ mich aus allen Nöten. Wende dich zu mir und sei mir gnädig, denn ich bin einsam und elend. Ich bitte dich. Nimm mich so, wie ich bin, auch mit meinen Schwächen und decke sie zu, damit nur du alleine davon weißt."

Psalm 25

Leben mit ...

Macht hätte ich manchmal gerne. Dann könnte ich machen, was ich will, und niemand kann etwas dagegen unternehmen ...

Angst habe ich keine. Wer Angst hat, zeigt doch nur, dass er ein Schwächling ist ...

Courage wünsche ich mir, wenn mal wieder einer dumm angemacht wird. Aber das ist leichter gesagt als getan ...

Herz ist gefragt, aber wie geht das? Dabei bin ich doch viel zu schnell zu verletzen, denn ...

Tränen können manchmal wirklich helfen. Nur sehen darf es keiner, weil ...

Kapitel 4
Kreuz und Auferstehung wecken Hoffnung – Jesus Christus

Unsere Erwartungen an Gott

Ich träume mir ein Land

Ich träume mir ein Land,
da wachsen tausend Bäume.
Da gibt es Blumen, Wiesen, Sand
und keine engen Räume.
Und Nachbarn gibt's, die freundlich sind,
und alle haben Kinder,
genauso wild wie du und ich,
nicht mehr und auch nicht minder.

Ich träume mir ein Land,
da wachsen tausend Hecken,
da gibt es Felsen, Büsche, Strand
und kleine, dunkle Ecken.
Und Nachbarn gibt's, die lustig sind,
und alle feiern Feste,
genauso schön wie deins und meins,
und keines ist das beste.

Ich träume mir ein Land,
da wachsen tausend Bilder,
da gibt es Rot und Grün am Rand
und viele bunte Schilder.
Und Nachbarn gibt's, die langsam sind,
und alles dauert lange,
genauso wie bei dir und mir,
und keinem wird dort bange.

Erika Krause-Gebauer

Sicher hast auch du Vorstellungen von einem glücklichen Leben. Schreibe deine Wünsche dazu auf.

Überlege, was du dir von Gott erwartest. Wie soll er mit deinen Wünschen umgehen?

Manche wollen nicht mehr beten …

Im Religionsunterricht sollten die Schüler ein Gebet schreiben: „Lieber Gott …".

Unter den eingesammelten Zetteln mit den Gebeten stößt der Lehrer auf zwei, die ihn sehr betroffen machen.

Michael schreibt: „Das ist doch alles gelogen! Wenn wirklich alles von Gott kommt, dann ist er böse! Ich will überhaupt nicht mehr beten! Seit einem halben Jahr ist mein Vater arbeitslos. Er wurde in der Firma nicht mehr gebraucht und findet in seinem Alter nirgends eine neue Stelle. Seitdem ‚hangt' er nur noch zu Hause vor dem Fernseher und trinkt ein Bier nach dem anderen. Es wird immer schlimmer mit ihm. In letzter Zeit beschimpft er meine Mutter und uns Kinder nur noch und bedroht uns manchmal sogar. Es ist so ungerecht … und man kann gar nichts machen!"

Auch Andrea lässt ihrem Kummer freien Lauf: „Ich bete nicht mehr zu Gott, denn es hilft ja doch nichts! Meine Eltern haben sich getrennt, obwohl ich Gott immer darum gebeten habe, dass sie sich vertragen. Meine Mutter arbeitet jetzt den ganzen Tag. So bin ich immer alleine. Oft träume ich stundenlang vor mich hin. Meine Noten werden seitdem immer schlechter. Einige Mitschüler lachen mich schon aus deswegen und die Lehrer hacken auf mir herum. Aber ich habe ja niemanden mehr, der mir bei den Hausaufgaben helfen kann, niemanden, den ich etwas fragen kann. Wenn meine Mutter abends von der Arbeit kommt, schimpft sie nur mit mir herum und sagt, dass ich faul bin. Oft gibt sie mir noch Hausarrest wegen der schlechten Leistungen. Aber davon werde ich auch nicht besser. Ich bräuchte jemanden, der …"

Vielleicht fühlst du dich manchmal wie ein Baum, der abstirbt und der alle Blätter abwirft.
Überlege dir Situationen, in denen du hoffnungslos warst, wo Gott deine Gebete nicht erhört hat.

Wer geht mit mir?

Versuche, die Figuren pantomimisch nachzustellen. Achte dabei genau auf die Haltung von Körper und Kopf, auf Hände und Augen. Du kannst deine Gefühle in dieser Haltung beschreiben. Überlege, was die beiden erlebt haben könnten.

Der Künstler hat hier eine biblische Geschichte gestaltet. Vielleicht erkennst du sie. Du findest die Geschichte in der Bibel zum Nachlesen bei Lukas 24, 13 – 24.

Lukas schreibt etwas über die Augen der beiden Jünger. Sprich mit deinem Nachbarn darüber, was Lukas damit meint und wer der Fremde sein könnte.

Herr, oft bin ich allein.
Dann fühle ich mich wie ein Baum,
der alle Blätter abwirft.
Ich fühle mich wie ein welkes Blatt, das traurig zu Boden fällt.
Ich fühle mich wie ein kahler Ast
am grauen Stamm, der leblos scheint.
Ich habe Angst und weiß nicht wovor.
Ich bin dann enttäuscht und ohne Hoffnung,
so ganz ohne Wert.
Ich habe auch niemanden,
mit dem ich reden kann.
Ach, Gott, hilf mir, einen Menschen zu finden,
dem ich vertrauen kann,
der sich für mich Zeit nimmt,
der mir zuhört,
der mit mir spricht,
der mir hilft, schwere Zeiten zu überwinden.

Hilf mir, Herr, einen Menschen
zu finden, der mit mir geht.

Amen.

Sara, 12 Jahre

Die beiden Emmausjünger befinden sich in einer ähnlichen Situation wie Michael und Andrea von Seite 59 oder auch wie Sara. Beschreibe!

Gestaltet einen „Sorgenbaum": ein kahler, absterbender Baum, der gerade die welken Blätter abwirft. Schreibt auf jedes fallende Blatt einzelne Nöte oder Sorgen der Jünger oder von Andrea, Michael und Sara. Manche Blätter könnt ihr auch mit euren eigenen Sorgen „beladen".

Sucht Möglichkeiten, wie man in so hoffnungslosen Situationen Trost spenden und helfen könnte. Lest dazu das Gebet des Mädchens.

Wir dachten, er wäre ...

Der Jünger Kleopas erzählt:
„Dabei hatte es mit Jesus in Jerusalem so hoffnungsvoll angefangen! ..."

„Alles war genau so, wie es schon unsere Propheten vor vielen hundert Jahren angekündigt hatten. Wenn wir aus den alten Schriften hörten, sahen wir die Prophezeiungen bestätigt. Für uns stand fest: Jesus ist der angekündigte Messias, der Gottes Herrschaft in unserem Lande errichten und die Römer vertreiben wird."

Jauchze, Tochter Jerusalem!
Siehe, dein König kommt zu dir,
ein Gerechter und ein Helfer,
arm und reitet auf einem Esel.

Sacharja 9, 9

Vergleiche die Jesusfigur auf dem Bild mit der Prophezeiung des Sacharja.
Betrachte die Menschenmenge, die Jesus in Jerusalem empfängt.
Nenne Gründe, warum sich die Emmausjünger so sicher waren, dass sie dem lange ersehnten Messias nachfolgten.

Kleopas erzählt von seinen Hoffnungen

„Am Vorabend des Passahfestes hatte er die zwölf Apostel zum traditionellen Passahmahl eingeladen. Alle waren wir überzeugt, dass es dabei nicht nur um die Befreiung aus der ägyptischen Sklaverei ging. Sicher wollte Jesus damit unsere Befreiung von den Römern und von all den Ungerechtigkeiten und der Armut in unserem Lande ankündigen.
Jesus hatte oft davon gesprochen, dass es im Reich Gottes wie bei einer Tischgemeinschaft sei:
Jeder – arm oder reich, ungebildet oder klug, ausgestoßen oder angesehen – ist eingeladen und jeder wird aufgenommen."

Betrachte die Tischgemeinschaft auf dem Bild genau und überlege, was du über die einzelnen Personen weißt, die hier sitzen.
Jesus gibt dem traditionellen Passahmahl eine neue Bedeutung. Was er auf dem Bild gerade tut, ist dafür ein Zeichen.
Lies die Abendmahlszene nach bei Lukas 22, 7 – 23. Schreibe den Vers heraus, der zur Tätigkeit Jesu auf dem Bild passt. Aber Jesus tut noch mehr …
Die Jünger können einige Worte Jesu noch nicht verstehen …

Ausweglos …?

„Da kam eine Schar; und einer von den Zwölfen namens Judas, ging vor ihnen her und näherte sich Jesus, um ihn mit einem Kuss zu begrüßen."
Lukas 22, 47

Jesus: „Ihr seid wie zu einem Räuber mit Schwertern und mit Stangen ausgezogen."
Lukas 22, 52

Petrus: „Herr, ich bin bereit, mit dir ins Gefängnis und in den Tod zu gehen."

Jesus: „Petrus, ich sage dir: Der Hahn wird heute nicht krähen, ehe du dreimal geleugnet hast, dass du mich kennst."
Lukas 22, 33 – 34

Sicher hast du schon davon gelesen oder sogar erlebt, dass Menschen unter anderen leiden. Wer dann tatenlos zuschauen muss, fühlt sich wie …

Pressemeldung

„… Weil er beim Abschreiben erwischt wurde und dafür die Note Sechs bekam, schoss ein Zwölfjähriger in Garching bei München mit einer Luftpistole auf seine Lehrerin. Drei Mitschüler nahmen ihm daraufhin die waffenscheinpflichtige Soft-Air-Pistole ab und schossen weitere zweimal auf die Frau …"

„Da sprachen sie alle: Bist du denn Gottes Sohn? Er sprach zu ihnen: Ihr sagt es, denn ich bin's."

Lukas 22, 70

Auf dem Weg nach Golgatha: „Es folgte ihm eine große Volksmenge und Frauen, die beklagten und beweinten ihn."

Lukas 23, 27

Was tun, wenn Menschen Menschen quälen?
Wenn Achtung, Mitleid nicht mehr zählen?
Was tun, wenn Starke Schwache schlagen?
Wenn keiner wagt, mal „nein" zu sagen?
Was tun, wenn der verachtet wird, der für die Schwächeren eintritt?
Was tun?

Die Jünger waren entsetzt: So hatten sie sich den Gesandten Gottes, ihren Messias, nicht vorgestellt. Schließlich hatten sie vieles in ihrem Leben aufgegeben (Beruf, Heimat, ...), um diesem Jesus nachfolgen zu können.

„Sich etwas gefallen lassen" – Damit hast du bestimmt auch schon deine Erfahrungen gemacht ...

Blinde Enttäuschung

Betrachte die Gesichter von Jesus und den beiden Menschen unter dem Kreuz.
Suche zu jeder Person Eigenschaftswörter, die ihren Gesichtsausdruck beschreiben. Überlege, warum der Künstler den Hintergrund gerade so gestaltet hat.

Die beiden Emmausjünger erinnern sich an ihre Enttäuschung:

„Das Bild, als unser Herr am Kreuz hing, will mir gar nicht mehr aus dem Kopf. Ganz allein haben wir ihn sterben lassen!"

„Ja, alle sind wir davongelaufen. Sogar seine treusten Jünger haben Angst bekommen."

„Nur zwei, ein Mann und eine Frau, haben es unter dem Kreuz ausgehalten. Was die dort noch wollten?"

„Ich erinnere mich noch an ihre Gesichter. Für die war doch auch alles aus und vorbei."

„Genau wie für uns. Anscheinend sind doch auch wir dem Falschen nachgelaufen und haben umsonst unser ganzes Leben verändert."

„Ich verstehe es ja heute noch nicht. Wo war da Gott? Warum hat er nicht geholfen? Jesus kann einfach nicht sein Sohn gewesen sein!"

Bartimäus

Ich bin der,
welchen er
sehend machte.

Was sah ich?
Am Kreuz
ihn,
hingerichtet,
ihn,
hilfloser als ich war,
ihn,
den Helfer,
gequält.

Ich frage:
Musste ich
meine Blindheit verlieren,
um das
zu sehen?

R. O. Wiemer

Erinnerst du dich noch an die Geschichte des Blinden von Jericho? Nachlesen kannst du sie bei Lukas 18. Damals war das für den Blinden ein tolles Gefühl!
Fühle nach, was der „Blinde" empfindet, als er Jesus am Kreuz sieht. Jetzt sieht er, aber er „blickt doch nicht durch" ...
Überlege, ob das zu dem Spruch des Propheten Jesaja passt: „Im Reich Gottes werden die Blinden sehend sein."

Du findest sicher noch mehr Redensarten zum Wortfeld „sehen können – blind sein".
„Sehen können" und „blind sein" haben auch eine übertragene Bedeutung!
Welchen Begriffen würdest du die Gesichter der beiden Emmausjünger zuordnen?

das Licht der Welt erblicken

Er hat seine Augen für immer geschlossen.

mit Blindheit geschlagen sein

ein stechender Blick

Einem gehen die Augen auf.

einen blinden Fleck haben

Sein Blick geht mir durch und durch.

Erklärungen, Erklärungen ...

Da sagte er zu ihnen: „Begreift ihr denn nicht? Wie schwer fällt es euch, alles zu glauben, was die Propheten gesagt haben! Musste nicht Christus all das erleiden, um so in seine Herrlichkeit zu gelangen?"
Und ausgehend von Mose und allen Propheten legte er ihnen dar, was in der ganzen Schrift über Jesus gesagt wurde.

Lukas 24, 25 – 26

„Er trug unsere Krankheit und lud auf sich unsere Schmerzen. Wir aber hielten ihn für den, der geplagt und von Gott geschlagen und gemartert wäre."

Jesaja 53, 4

Verstehen die Jünger die Erklärungen? Ihre Haltung und ihre Augen geben dir Auskunft.

Was wirklich tröstet

„Los, ihr seid dran!" Sie drängelten Martin zur Bühne. Martin schaute sich im Publikum um. Er erkannte Eltern seiner Mitschüler, dort Tonis Oma. Als er auf der Bühne stand, war der Stuhl immer noch leer. Fünf Wochen hatten sie für das Schulfest geprobt. Martin hatte den Sketch selbst erfunden. Da kam sein Stichwort. Er sagte seinen Satz. Alle lachten. Der Stuhl war leer. Seine Mutter hatte nicht mitgelacht. Alles andere war unwichtig. „Nein, ich kann nicht mehr mit zu Toni. Muss nach Hause." Sie war nicht gekommen! Auf dem Weg machte Martin sich Gedanken. Vielleicht hatte Klaus sie abgehalten. Seit einiger Zeit hatte seine Mutter einen Freund. Zum ersten Mal seit Jahren gab es da wieder einen Mann für sie. Jetzt ging sie öfter abends aus. „Du bist doch schon groß", sagte sie. Für Martin war es komisch, allein zu Hause zu bleiben. Klar, er konnte fernsehen, aber oft war da keiner, der ihm „Gute Nacht" wünschte. Alles war irgendwie anders. Jetzt hatte sie sogar seinen Auftritt verpasst.

Martin ging gerade ins Haus, als ihr Auto in die Straße einbog. Seine Mutter kam kurz darauf. „Es tut mir so leid", sagte sie. „Aber meine Arbeitskollegin im Restaurant hat sich in die Hand geschnitten, ganz schlimm. Da musste ich bleiben und aushelfen." Martin schluckte. „Schon gut", murmelte er. „Ich geh gleich ins Bett, bin ganz geschafft."

Als Martin im Bett lag, kam seine Mutter. „Ich hätte dich so gerne gesehen. Bestimmt warst du der Star. Ich bin stolz auf dich." Sie zog die Decke hoch bis zu Martins Kinn, so wie sie es früher immer getan hatte, als Martin und seine Mutter allein waren. „Vielleicht kann ich es wieder gutmachen. Am Samstag gehen wir ins Kino. Abgemacht?" Martin schloss die Augen. Seine Mutter blieb noch einige Zeit bei ihm sitzen. Sie summte ein Lied, das sie ihm früher immer vorgesungen hatte, wenn er traurig war. Und plötzlich hatte Martin das Gefühl, dass alles in Ordnung war.

Kannst du Martin verstehen? Was tröstet ihn?

Da gingen ihnen die Augen auf ...

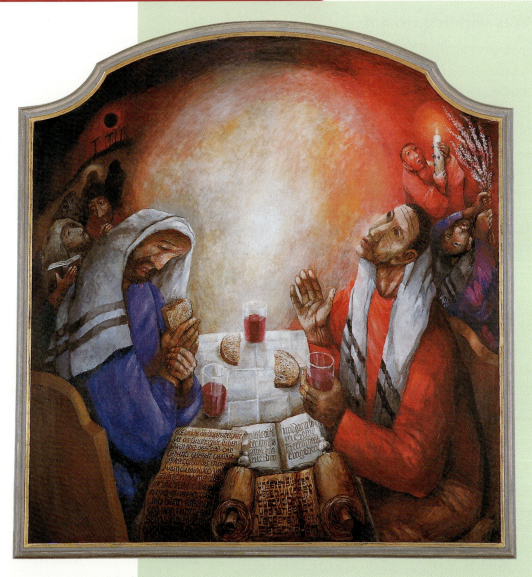

Bei einer genauen Betrachtung des Bildes fällt dir bestimmt einiges auf:
Der Tisch ist für drei gedeckt; es hat eine besondere Farbgebung; ...
Lest die Geschichte, die auf dem Bild dargestellt ist, nach bei Lukas 24, 28 – 32.
Nehmt im Spiel Platz am Tisch und erzählt als Freund Jesu, was nicht in euren
Kopf wollte, was ihr mit Jesus besprochen habt, was ihr jetzt über Jesus denkt.

Da wurden ihnen die Augen geöffnet und sie erkannten ihn; dann sahen sie ihn nicht mehr.

Lukas 24, 31

Die beiden Jünger liefen freudig zurück nach Jerusalem. Unterwegs trafen sie Bartimäus. „Jesus lebt! Er war die ganze Zeit bei uns, ohne dass wir es gemerkt haben!", rief ihm Kleopas fröhlich zu.

„Das würde ich nicht glauben, wenn ihr nicht so völlig verändert wärt", antwortete Bartimäus. „Ihr seid jetzt ganz anders als vor ein paar Tagen, als ihr nach dem Karfreitag Jerusalem genauso entsetzt und enttäuscht verlassen habt wie ich. Was ist passiert?"

„Jetzt sind uns die Augen aufgegangen", meinte Kleopas, „Jesus, der Messias, tot! Das war unfassbar! Alles schien uns sinnlos! Dann trafen wir den Fremden. Wir wussten nicht warum, aber irgendwie fühlten wir uns in seiner Nähe wohler. Er versuchte uns den Tod unseres Herrn aus der Bibel mit den Schriften der Propheten zu erklären. Doch das brachte uns nicht weiter. Erst beim Abendessen ging uns ein Licht auf. Als er das Brot brach, spürten wir sofort: ‚Das ist er!' Plötzlich sah alles ganz anders aus: Wenn Jesus lebt, dann hat unser Leben wieder einen Sinn! Jetzt sehen wir mutig in die Zukunft."

Bartimäus war ganz aufgewühlt: „Am liebsten würde ich mich von eurer Hoffnung anstecken lassen."

> Bartimäus findet die beiden Jünger irgendwie überzeugend. Er ist sehr beeindruckt ...
> „Im Reich Gottes werden die Blinden sehend sein." Denke noch einmal über diese Prophezeiung von Jesaja nach.

Gott gebe euch erleuchtete Augen des Herzens, damit ihr erkennt, zu welcher Hoffnung ihr von Ihm berufen seid.

Epheser 1, 18

> Überlege, was dieser Wunsch des Paulus für die Epheser mit der Emmausgeschichte zu tun hat.
> Kann er auch für dich eine Bedeutung haben?
> Schreibe den Wunsch um in die Ich-Form.

Ich kann mehr ...

Wenn man einem eine runterhaut, kriegt man von ihm auch eine geklebt. So ist es normal.

Der Berthold aber, der steht nur da und rührt sich nicht. Er schützt sich höchstens mit den Armen. Dabei ist er durchaus kein Schwächling. Wenn er die Kugel stößt, staunt sogar unser Sportlehrer. Er hat einen Brustkasten wie Tarzan. Daran kann's also nicht liegen, dass er sich nicht wehrt. Er würde mit den meisten von uns fertig werden. Solche kleine Kläffer wie zum Beispiel Max und Wolfgang brächte er mit einem einzigen Kinnhaken auf Abstand.

Er ist auch nicht feige. Kürzlich hat er beim Fußballspielen den Ball ins Fenster vom Schulsekretariat geschossen. Wir hätten dichtgehalten. Trotzdem ist er hingegangen und hat gesagt, dass er's gewesen war. Er macht's auch nicht aus Angeberei.

Nein, der Berthold ist kein Angeber. Er spricht nie ein Wort zu viel. Als er bei den Bundesjugendspielen die meisten Punkte vom ganzen Jahrgang hatte, haben es die Parallelklassen nicht durch ihn, sondern durch uns erfahren. Wenn man ihm gratuliert, grinst er nur und hebt die Schultern.

Weil ich in der Schule neben ihm sitze, kenne ich ihn ein bisschen besser als die anderen. Ich weiß, dass er einen Dackel hat und gern Kartoffelsalat isst. Ich weiß auch, dass er ziemlich faul ist. Er schreibt fast täglich die Hausaufgaben von mir ab. Und er ist sehr vergesslich. Er ist wie alle. Nur in einem Punkt unterscheidet er sich von den anderen: Dass er sich nie prügelt. Auch nicht, wenn er angegriffen wird.

Aber wie kann man jemandem die Faust gegen die Rippen donnern, der nicht die Absicht hat zurückzuschlagen? Da kannst du genauso gut gegen einen Kartoffelsack boxen. Der Emmo hat dem Berthold mal eine gelangt, eine kräftige, dass es nur so geklatscht hat. Weil er ärgerlich über ihn war:

Der Berthold hatte sich von ihm das Matheheft geborgt, um die Aufgaben abzuschreiben. Emmo ist nämlich in Mathe der Beste. Berthold hatte ihm versprochen, das Heft gleich wieder mitzubringen. Aber als der Mathelehrer die Hefte ein-

... als nur dreinschlagen

sammelte, bekam Emmo Schwierigkeiten: Das Heft war nicht da! Berthold hatte es vergessen. Er nahm zwar sofort alle Schuld auf sich, aber Emmo machte es rasend, dass das Heft nicht da war. Deshalb klebte er dem Berthold eine.

Aber Berthold schlug nicht zurück. Er stand ganz ruhig da und sah Emmo ins Gesicht. Da wurde Emmo rot und entschuldigte sich. Hinterher erzählte mir Emmo, er habe sich über sich selbst gewundert. Bei so etwas entschuldige er sich nie. Aber in diesem Augenblick sei ihm nichts anderes eingefallen.

Ich konnte ihn gut verstehen. Wenn man auf einen einschlägt und der wehrt sich nicht, fühlt man sich im Unrecht. Es ist scheußlich, sich im Unrecht zu fühlen. Man wird dann so unsicher. Lieber verkneif ich's mir, Berthold eine zu scheuern. Also muss ich mit ihm im Guten auskommen, muss mit ihm Kompromisse schließen. Das ist mühsam. Kürzlich hat er auch ein Heft von mir daheim vergessen. Ich hab sehr an mich halten müssen.

Ich hab den Berthold mal gefragt, warum er sich nicht prügelt und nicht zurückschlägt, wenn ihn einer haut. Darauf hat er nur geantwortet: „Ich bin doch kein Neandertaler."

Ein Neandertaler will ich auch nicht sein. Ich kann mehr als nur draufhauen. Bei der nächsten Gelegenheit will ich auch mal probieren nicht zurückzuschlagen. Muss ein merkwürdiges Gefühl sein. Aber was der Berthold kann, müsste ich eigentlich auch können. Na, die werden staunen!

Allerdings bin ich nur eine halbe Portion, verglichen mit Berthold. Vielleicht lade ich gerade dazu ein, dass sie mich verdreschen, wenn ich mich nicht wehre. Ich glaube, ich muss mich erst mal voll Mut pumpen. Denn Angst darf ich dabei nicht haben!

nach Gudrun Pausewang

Der Erzähler dieser Geschichte möchte auch so mutig wie Berthold werden. Er ist von ihm stark beeindruckt ...

Berthold verzichtet auf Gewalt und Vergeltung, wie es Jesus vorgelebt hat. In seinen Seligpreisungen (Mt 5, 3-10) beschreibt Jesus, was ein wirklich glückliches Leben ausmacht.

Neuer Mut ...

> **Selig sind** die **SANFTMÜTIGEN;** denn sie werden das **Erdreich** besitzen.
> Matthäus 5, 5

> **Selig sind,** die da **LEID TRAGEN;** denn sie sollen **getröstet werden.**
> Matthäus 5, 4

„Selig sind ..." heißt soviel wie „Man kann sie beglückwünschen ..." Es ist aber oft schwer, auf Gewalt nicht hart zu reagieren ...
Im Lied auf Seite 76 findest du Beispiele für Situationen, in denen man oft viel Mut braucht.

> **Selig sind** die **FRIEDFERTIGEN;** denn sie werden **Gottes Kinder** heißen.
> Matthäus 5, 9

… und neue Hoffnung

Ich hoffe, dass wir Menschen Frieden halten.

Ich hoffe auf neue Kraft für meine Arbeiten.

Ich hoffe, dass mein Vater wieder Arbeit findet.

Ich hoffe, dass ich immer jemanden zum Reden finde.

Ich hoffe, dass meine Mutter wieder gesund wird.

Ich fühle mich wie ein Baum,
der nichts mehr trägt.
Ein kahler Ast am grauen Stamm,
der leblos scheint
und nicht brechen will,
der nach oben zeigt
und grünen wird:
So hoffe ich
auf die Kraft des Lichts,
das meine Gedanken
neu wachsen lässt
zu starken Zweigen,
die mein Leben tragen.

Aus dem Kreuz dieser Schülerarbeit wachsen Hoffnungen von Sechstklässlern. Könnte der abgestorbene Baum der Schüler von Seite 59 ebenfalls neue, starke Zweige bekommen?

Gestalte deinen eigenen Lebensbaum.

Auch das Auftaktbild dieses Kapitels zeigt ein Kreuz als Lebensbaum. Es hängt über dem Altar einer Kirche. Der Künstler will bei den Betenden durch dieses Kreuz etwas erreichen …

Da kannst du Osterspuren finden

4. Wo einer das Unrecht beim Namen nennt
und sich zu seiner Schuld bekennt,
um das Vergessen zu überwinden,
da kannst du Osterspuren finden.

5. Wo einer das Unbequeme wagt
und offen seine Meinung sagt,
um Schein und Lüge zu überwinden,
da kannst du Osterspuren finden.

*Wo einer gegen die Strömung schwimmt
und fremde Lasten auf sich nimmt,
um Not und Leiden zu überwinden,
da kannst du Osterspuren finden.*

*Wo einer dich aus der Trägheit weckt
und einen Weg mit dir entdeckt,
um hohe Mauern zu überwinden,
da kannst du Osterspuren finden.*

Text: Reinhard Bäcker, Musik: Detlev Jöcker
aus: Da hat der Himmel die Erde berührt, 2. Aufl. o.J.
Menschenkinder Verlag, Münster

Kapitel 5
Fremdem begegnen – fremd sein

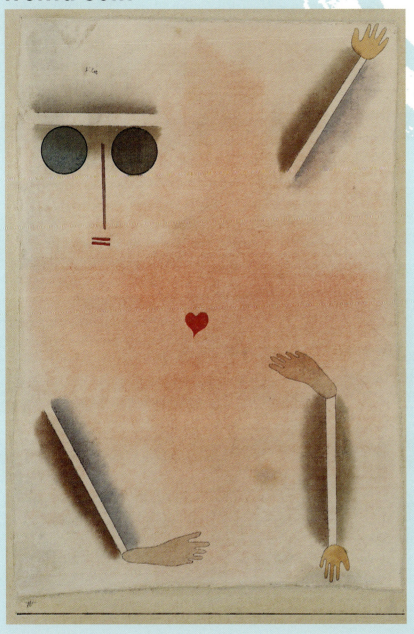

Das Abenteuer, die Welt zu entdecken

Hevenu schalom alejchem

Unsere Jugendgruppe ist wohlbehalten in der fremden Stadt in Israel angekommen. Nach dem langen Sitzen wollen wir uns noch ein wenig bewegen. Ein Spaziergang in der Abendsonne scheint verlockend. Deshalb schlendern wir die mit Bäumen bestandene Straße in Richtung Hafen entlang. Schöne Häuser schauen hinter den Mauern hervor. Mit einem Mal hören wir fremdländische Laute. Orientalisch anmutende Musik dringt an unsere Ohren.

Fröhliche Menschen feiern ein Gartenfest. Einige von uns erinnern sich dunkel an das Lied, das sie zu Hause schon gesungen haben. Es ist ein israelisches Lied vom Frieden „Hevenu schalom a-lej-chem". Leise summen wir die Melodie mit und laufen an der Mauer weiter. An einem Gartentor bleiben wir neugierig stehen. Eine Gruppe junger Leute tanzt und singt im Vorgarten des Hauses. Das Besondere an dem Tanz ist, dass sie eine Kette bilden, die sie untereinander verbindet, und dass sie sich dabei im Kreis bewegen. Wie aber setzen sie ihre Schritte? Wie stimmen sie sich aufeinander ab, sodass alles harmonisch und rhythmisch wirkt?

Man muss uns unsere Neugier und unser Interesse angesehen haben, denn plötzlich kommt ein junger Mann ans Gartentor. Er schaut uns an. Dann huscht ein Lächeln über sein Gesicht und ohne ein Wort zu sagen, lädt er uns mit weit ausholender Geste ein, in den Garten zu kommen und mitzufeiern.

Viele Häuser Jerusalems schauen ganz anders aus als bei uns! Vielleicht hast du in Kunsterziehung darüber schon etwas erfahren.

Ihr könnt das Lied „Hevenu schalom alejchem" (EG 433) auch mit deutschem Text „Wir wünschen Frieden euch allen" singen!

Sicher hast du auch schon Situationen erlebt, in denen die Neugier stärker war als die Scheu vor Unbekanntem.

Jerusalem

"Endlich Urlaub!" – oder: Wenn einer eine Reise tut, dann ...

Jaffa

Erzähle von einem Urlaub im Ausland. Sicher hast du viel Neues und Interessantes gesehen! Wie war das mit dem Essen?
Vielleicht kannst du einige Sätze in der Sprache deines Urlaubslandes sprechen?

Viele Jugendliche packt jedes Jahr das Fernweh, sie können sich nichts Schöneres vorstellen, als ihre Ferien im Ausland zu verbringen, um Neues zu entdecken.
Dort erwartet sie oft ein völlig anderes Klima; sie begegnen fremden Menschen mit anderen Lebensgewohnheiten, mit einer fremden Sprache; sie genießen die fremdländische Küche ...

> **Im Zwiespalt**

Schaurig schön

Lichtreklamen leuchteten auf, Musik dröhnte aus Lautsprechern, der Duft von gebrannten Mandeln und von Bratwürsten erfüllte die Luft. Mit einer großen Menschenmenge zogen die Freunde über den Rummelplatz. Eine schaurige Stimme fesselte ihre Aufmerksamkeit: „Kommen Sie in das Geisterschloss! Ich werde Sie das Fürchten lehren!"

Fasziniert standen die Jugendlichen vor der Geisterbahn. „Los, da geh'n wir rein!", schrie Peter. Und schon stürmten einige auf das Kassenhäuschen zu.

Aber nicht alle! Manche zögerten!

„Was ist denn mit euch Angsthasen los?", stichelte Irene.

Das ließen sich die anderen nicht gefallen ...

Diese Szene könnt ihr zu Ende spielen! Sammelt vorher Argumente, die für bzw. gegen einen Besuch der Geisterbahn sprechen!

Was der Mensch nicht kennt, ...
– macht ihm Angst.
– weckt seine Neugier.
– verunsichert ihn.
– probiert er doch einmal.
– isst er lieber nicht.
– findet er interessant.
– ist für andere normal.
– wird für ihn eine Neuentdeckung.
– ...

Bestimmt findest du noch mehr Meinungen, wenn du das Wort „Mensch" durch „Schüler" oder „Tourist" oder andere Personen ersetzt!
Was glaubst du, wie das Sprichwort „Was der Bauer nicht kennt, isst er nicht" entstanden ist? Kannst du dir denken, was es ausdrücken will?

Mauer der Ablehnung

„Fremde sind Menschen, die einfach zu uns gekommen sind;
und das, obwohl wir schon da waren.
Die Fremden kamen in unsere Stadt, in unsere Straßen, in unsere Häuser.
Nun stellen sie Ansprüche, als wären sie Einheimische.
Sie wollen Wohnungen, Arbeitsplätze und so weiter.
Ihre Kinder gehen in unsere Kindergärten und Schulen.
Die einen Fremden wollen sogar leben wie wir,
die anderen aber wollen nicht so leben wie wir,
das ist doch unerhört – oder etwa nicht?!
Fremdsein ist ein Vergehen, das man nicht wieder gutmachen kann!"

Ist Fremdsein ein Unrecht?

Angst und Vorurteile bauen eine Mauer zwischen Menschen. Die Mauer besteht aus lauter einzelnen Steinen. Finde heraus, was solche „Steine" sein können!

„Ich möchte hinter Zäune schauen und über hohe Mauern gehn."

Lies Lied 646 im Gesangbuch. Hier wird ganz anders über das Verhalten zu anderen gedacht als im obigen Text.

Was ist ein Fremder?

Karlstadt: Was ist ein Fremder?
Valentin: Ja, ein Fremder ist nicht immer ein Fremder.
Karlstadt: Wieso?
Valentin: Fremd ist der Fremde nur in der Fremde.
Karlstadt: Das ist nicht unrichtig. – Und warum fühlt sich ein Fremder nur in der Fremde fremd?
Valentin: Weil jeder Fremde, der sich fremd fühlt, ein Fremder ist, und zwar so lange, bis er sich nicht mehr fremd fühlt, dann ist er kein Fremder mehr.
Karlstadt: Sehr richtig! – Wenn aber ein Fremder schon lange in der Fremde ist, bleibt er dann immer ein Fremder?
Valentin: Nein. Das ist nur so lange ein Fremder, bis er alles kennt und gesehen hat, denn dann ist ihm nichts mehr fremd.
Karlstadt: Es kann aber auch einem Einheimischen etwas fremd sein!
Valentin: Gewiss, manchem Münchner zum Beispiel ist das Hofbräuhaus nicht fremd, während ihm in der gleichen Stadt das Deutsche Museum, die Glyptothek, die Pinakothek und so weiter fremd sind.
Karlstadt: Damit wollen Sie also sagen, dass der Einheimische in mancher Hinsicht in seiner eigenen Vaterstadt zugleich noch ein Fremder sein kann.
Karlstadt: Und was sind Einheimische?
Valentin: Dem Einheimischen sind eigentlich die fremdesten Fremden nicht fremd. Der Einheimische kennt zwar den Fremden nicht, kennt aber am ersten Blick, dass es sich um einen Fremden handelt.
Karlstadt: Das Gegenteil von fremd wäre also unfremd?
Valentin: Wenn ein Fremder einen Bekannten hat, so kann ihm dieser Bekannte zuerst fremd gewesen sein, aber durch das gegenseitige Bekanntwerden sind sich die beiden nicht mehr fremd. Wenn aber die zwei mitsammen in eine fremde Stadt reisen, so sind diese beiden Bekannten jetzt in der fremden Stadt wieder Fremde geworden. Die beiden sind also – das ist zwar paradox – fremde Bekannte zueinander geworden.

Um was geht es hier eigentlich? Verstehst du das? Versuche es mit deinen Worten zu erklären!

Sich fremd sein

Ich kenn mich und
kenn mich nicht.

Manchmal bin ich
mir total fremd.

Manchmal versteh
ich mich gut.

Mal liebe ich einen Helden im
Fernsehen heiß und innig.

Mal hasse ich den eigenen
Bruder ganz stark.

Oft finde ich mich selbst
richtig in Ordnung.

Oft finde ich mich so
richtig zum Kotzen.

Was wohl noch so alles
in mir steckt?

Will ich es wissen?

„Das hätte ich nie von mir gedacht!"
oder „Da habe ich mich gar nicht
wiedererkannt!"
Berichte von Situationen, in denen du
das von dir gesagt hast!

Wir sind Fremde – fast überall

Rosa (12), geboren in Kasachstan

Rosa ist ein russisches Aussiedlermädchen. Sie erzählt heute von ihrer Heimat: „In Kasachstan waren wir immer ‚die Fremden, die Deutschen'. Meine Oma hat mich oft getröstet und mir versprochen, dass wir bald zu Hause sein werden, nämlich dort, wo unsere Vorfahren herkommen. Jetzt bin ich in Deutschland, wo es mir gut gefällt. Aber hier bin ich nur die ‚Russkie' oder so. Das macht mich traurig und ich sehne mich oft nach meinen alten Freunden in Russland. Dennoch möchte ich endlich wissen, wo ich zu Hause bin."

Versetzt euch in Rosas Lage. Schreibt einen Brief an Rosa und teilt ihr mit, was ihr von der Sache haltet! Vielleicht hat von euch jemand eine ähnliche Situation schon selbst erlebt. Erzählt davon!

Gedankenblase: anheimelnd, Heimatort, Rückkehr, Heim, heimatlos, Heimweh, Zuhause, Deutschland

Rosa hat es wirklich nicht leicht! Überlegt, wie ihr Rosa in eure Klasse aufnehmen würdet! Denke auch darüber nach, wie man sich nicht verhalten sollte!

„Wenn ein Fremdling bei euch wohnt in eurem Land, den sollt ihr nicht bedrücken. Er soll bei euch wohnen wie ein Einheimischer unter euch, und du sollst ihn lieben wie dich selbst."

3. Mose 19, 33

„Nilpferde sind so schrecklich dick!"

Wieder einmal trafen sich die Tiere in der Steppe, um sich auszusprechen. Nichts war mehr so, wie es früher einmal gewesen war. Alles hatte sich verschlechtert, meinten sie.
„Schuld an dem ganzen Unglück haben nur die Elefanten!", sprachen die Gazellen. „Die Elefanten breiten sich überall aus, trampeln das süße Gras nieder, und es kommen immer mehr von ihnen!"
Einige Tiere riefen nun: „Elefanten raus!"
Aufgeschreckt setzten sich die Elefanten zur Wehr: „Wenn hier jemand Schuld hat, dass sich alles verschlechtert hat, dann sind es die Löwen! Sie verschlafen den ganzen Tag, tun überhaupt nichts und vertreiben sich die Zeit mit der Jagd." Nun hörte man die Tiere rufen: „Schickt die Löwen in die Wüste!"
Ganz gegen ihre sonst eher ruhige Art ereiferten sich nun die Löwen: „Immer langsam mit den jungen Pferden! Wer passt denn den lieben langen Tag auf die Steppe auf? Verstöße gegen die Ordnung nehmen immer mehr zu. Jeder macht, was er will! Und wenn wir uns nach getaner Arbeit einer Wasserstelle nähern, um uns zu erfrischen, dann lauern überall schon diese gefräßigen Krokodile."
„Das darf ja wohl nicht wahr sein!", entgegneten die Krokodile aufgebracht. „Die Wasserstellen gehören schon seit Generationen uns! Täglich trinken ungebetene Gäste von unserem Wasser, baden, lärmen und verschmutzen hier alles! Wir möchten nur einmal an diese dicken Nilpferde erinnern!"
Als die Nilpferde dies hörten, wackelten sie aufgeregt mit den Ohren, öffneten ihre gewaltigen Mäuler, um Luft zu holen und …

Versetzt euch in die Rollen der Tiere und beschreibt eure Gefühle! Die Tiernamen könnt ihr durch Bezeichnungen wie „Unsportliche", „Dicke", … ersetzen.

Kopf, Hand, Fuß und Herz

Du und ich

Du bist anders als ich,
ich bin anders als du.
Gehen wir aufeinander zu,
schauen uns an,
erzählen uns dann,
was du gut kannst,
was ich nicht kann,
was ich so treibe,
was du so machst,
worüber du weinst,
worüber du lachst,
ob du Angst spürst bei Nacht,
welche Sorgen ich trag,
welche Wünsche du hast,
welche Farben ich mag,
was traurig mich stimmt,
was Freude mir bringt,
wie wer was bei euch kocht,
wer was wie bei uns singt ...

Und plötzlich erkennen wir
– waren wir blind? –,
dass wir innen uns
äußerst ähnlich sind.

Karlhans Frank

Wer könnte alles mit dem „Du" in diesem Gedicht gemeint sein?

Kannst du erklären, wie Menschen „innen äußerst ähnlich sind"? Vielleicht gibt die Bibelstelle eine Antwort?

„Der Herr, euer Gott, sieht die Person nicht an und schafft Recht den Waisen und Witwen und hat die Fremdlinge lieb, dass er ihnen Speise und Kleider gibt. Darum sollt ihr auch die Fremdlinge lieben; denn ihr seid auch Fremdlinge gewesen in Ägyptenland."

nach 5. Mose 10, 17 – 19

„Ich spiel doch nur mit Eric!"

Es ist schon viele Jahre her, da passierte in der amerikanischen Stadt Philadelphia Folgendes:

Der achtjährige Gregory kam ins Haus, weil ihn seine Mutter gerufen hatte. Kaum war er im Wohnzimmer, stellte sie sich vor Gregory auf und sagte: „Ich habe dir doch schon so oft gesagt, du sollst nicht mit schwarzen Kindern spielen." Dann drehte sie sich um und ging in die Küche.

Gregory war erschrocken über ihren Tonfall. Er lief hinter ihr her und sagte: „Mama, ich spiele ja gar nicht mit schwarzen Kindern, ich spiele nur mit Eric." Die Mutter drehte sich um und sah ihn erstaunt an. Sie sagte nichts mehr.

Eigentlich hätte sie jetzt mit dem Geschimpfe fortfahren können, denn Eric war nicht weiß wie Gregory; Eric war schwarz.

> Ahnt ihr, was in Gregory vorging?
> Weißt du, warum er sich so verhält?
> Vielleicht hat seine Mutter Angst?

Und jetzt frage ich euch: Wenn ihr Kinder euch gegenseitig so selbstverständlich anerkennt, warum können das dann die Erwachsenen nicht auch?

Ich verrate euch jetzt ein Geheimnis über das Erwachsensein: Die meisten Erwachsenen sind äußerlich groß und stark. Viele halten es aber trotzdem nicht aus, wenn sie allein mit ihrer Meinung stehen. Darum reden sie oft nur nach, was andere sagen, so wie Gregorys Mutter.

Ob euch das wohl auch passiert, wenn ihr erwachsen werdet? Das weiß keiner, nur ihr selbst!

Aber ihr könnt jeden Tag üben, damit es nicht dahin kommt.

Wo? Im Fitnessstudio für Mut. Ist das nicht teuer? Aber nein, die besten Dinge kann man sowieso nicht kaufen.

Das Fitnessstudio für Mut ist überall: in der Schulklasse, auf dem Spielplatz, auf der Straße, in der U-Bahn.

Das heißt dann: Widersprechen, wenn dumme Bemerkungen fallen, jemanden schützen, der angegriffen wird, oder einfach zu ihm halten – wie Gregory.

nach Barbara John

> Begründungen, warum man für Fremde und Außenseiter eintreten soll, findest du auch in den Bibelstellen dieses Kapitels.

Gott im Fremden begegnen

Überall ist Bethlehem

Erzählt von Krippen aus eurer Familie, Kirche oder Schule!
Versucht zu erklären, warum die Menschen Krippen aufstellen.

Die evangelische Pfarrkirche St. Stephan in Bamberg besitzt eine moderne Krippe der Bildhauerin Wini Bechtel-Kluge.
Um Josef, Maria und das Jesuskind versammeln sich uns bekannte Figuren wie die Hirten und die Weisen aus dem Morgenland.
Aber es finden sich auch Ausgestoßene, Kranke, Fremde, Zweifler, Unentschlossene, Ablehnende und …

Sucht euch eine Person des Bildes aus und formuliert einen Satz: „Ich bin … und ich fühle mich …"!
Könntest du dir auch noch andere Figuren in dieser Krippe vorstellen?

In der Weihnachtsgeschichte wird – damals wie heute – vom Fremd-Sein erzählt: Die Heilige Familie ist fremd in Bethlehem, die drei Weisen sind Fremde, …
… aber auch davon ist die Rede, wie das Fremde überwunden werden kann.

Wo ist Gott?

Jesus beschreibt in einem Gleichnis an einigen Beispielen, wie unterschiedlich Menschen mit Fremden und Außenseitern umgehen.

Dann wird der König sagen zu denen zu seiner Rechten:
Kommt her, ihr Gesegneten meines Vaters, ererbt das Reich, das euch bereitet ist von Anbeginn der Welt!

Denn ich bin hungrig gewesen, und ihr habt mir zu essen gegeben.
　　　　　Wann haben wir dich hungrig gesehen und
　　　　　haben dir zu essen gegeben?

Ich bin durstig gewesen, und ihr habt mir zu trinken gegeben.
　　　　　Wann haben wir dir zu trinken gegeben?

Ich bin ein Fremder gewesen, und ihr habt mich aufgenommen.
　　　　　Haben wir dich einmal aufgenommen?

Ich bin nackt gewesen, und ihr habt mich gekleidet.
　　　　　Wir sollen dir Kleider gegeben haben?

Ich bin krank gewesen, und ihr habt mich besucht.
　　　　　Wir können uns nicht erinnern, dass wir dir
　　　　　einen Krankenbesuch gemacht haben.

Ich bin im Gefängnis gewesen, und ihr seid zu mir gekommen.
　　　　　Wir wussten nicht, dass du im Gefängnis warst!

Und der König wird antworten:
Wahrlich, ich sage euch: Was ihr getan habt einem von diesen meinen geringsten Brüdern, das habt ihr mir getan.

nach Matthäus 25, 31 – 40

Jesus zeigt, wem Menschen begegnen können, wenn sie dem helfen, der Hilfe braucht ...

Oft ist es gar nicht so leicht zu entdecken, wo jemand unsere Zuwendung braucht. Noch schwieriger ist es, dann auch das Notwendige zu tun ...

Ein Fest der Gemeinschaft feiern

(Projektvorschläge)

Hier wird mit der Bibel gearbeitet:
- Beschriftet farbige Karteikarten mit Versen aus der Bibel, die einen einladenden Charakter für Außenseiter und Fremde haben: z.B. 3. Mose 19, 33 …

Hier geht es um Musik und Bewegung:
- Wählt Lieder aus dem Gesangbuch oder anderen Liedbüchern zum Thema aus.
- Ihr könnt auch eigene Texte zu bekannten Melodien formulieren. Vielleicht sogar in verschiedenen Sprachen?

Hier könnt ihr künstlerisch tätig werden:
- Fertigt eine Collage zum Thema „Da war ich allein – da habe ich mich fremd gefühlt!"
- Malt ein „Alle Kinder dieser Welt-Bild" mit Pinsel oder mit Farbstiften!

Hier wird gekocht:
- Sammelt fremdländische Rezepte und schreibt sie auf Kärtchen.
- Probiert einige dieser Rezepte selbst aus!
- Vielleicht können euch Mitschüler beim Einkaufen fremder Zutaten helfen!

Hier wird nachgedacht und gebastelt:
- Beschriftet Schuhkartons o. Ä. auf der einen Seite mit häufigen Vorurteilen gegenüber Fremden und Außenseitern!
- Überlegt, wie man diese Vorurteile abbauen könnte!
- Schreibt eure Ideen auf die Rückseite der Kartons!
- Baut aus Kartons eine „Brücke" der Verständigung!

Feiert gemeinsam ein Fest!
- Ladet euch Mitschülerinnen und Mitschüler ein, die erst relativ kurz an eurer Schule sind!
- Stellt eure Gruppenergebnisse vor!
- Esst die gemeinsam gekochten Speisen!
- Singt einige der vorgestellten Lieder!
- Vielleicht könnt ihr euch ausländische Tänze zeigen lassen!
- Jedes Land hat eigene Spiele. Lasst sie euch erklären und probiert sie aus!
- Gemeinsam beten, das wäre ein schöner Abschluss.

Hier arbeitet ihr als Reporter:
- Bereitet Interviews vor. Was möchtet ihr von ausländischen Schülerinnen und Schülern oder von „Außenseitern" wissen?
- Führt die Interviews durch!
- Wertet eure Interviews aus!
- Präsentiert die Ergebnisse auf Plakaten!

Im Fremden das Vertraute entdecken

Our Father in heaven,
hallowed be your name,
your kingdom come,
your will be done,
on earth as in heaven.
Give us today our daily bread.
Forgive us our sins
as we forgive those
who sin against us.
Save us from the time of trial
and deliver us from evil.
For the kingdom, the power,
and the glory are yours,
now and forever.
Amen.

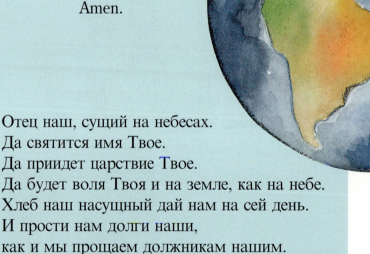

Отец наш, сущий на небесах.
Да святится имя Твое.
Да приидет царствие Твое.
Да будет воля Твоя и на земле, как на небе.
Хлеб наш насущный дай нам на сей день.
И прости нам долги наши,
как и мы прощаем должникам нашим.
И не введи нас во искушение.
Но избавь нас от лукавого.
Ибо Твое есть царство
и сила и слава во веки.
Аминь.

Du kannst deine Gedanken zu Fremdem und Fremden in einem eigenen Gebet ausdrücken! Vielleicht auch in einer fremden Sprache.

Kapitel 6
Mit Anforderungen umgehen –
Orientierung für unser Handeln suchen

Anforderungen spüren

Es ist halb acht. Claudia und Philipp stehen an der Bushaltestelle. „Wo bleibt denn Anne? Hoffentlich verpasst sie nicht schon wieder den Bus", meckert Claudia.
„Sie wird schon noch kommen", meint Philipp. Die beiden sehen den Bus bereits heranfahren, als Anne ganz gemütlich um die Straßenecke biegt.

Kannst du dir denken, warum Anne zu spät kommt?

„Mensch mach' schon! Beeil' dich!", ruft Claudia Anne zu.
Anne verzieht das Gesicht: „Hetzt mich nicht. Ich habe heute eh' keine Lust auf Schule."
„Wann hast du denn schon Lust? Es ist doch jeden Morgen das Gleiche mit dir."
„Na und? Stört es euch?", entgegnet Anne heftig.
Mittlerweile sind die anderen Kinder bereits in den Schulbus eingestiegen. „Braucht ihr drei eine Extraeinladung? Los rein mit euch!", schimpft der Busfahrer.
Der Bus ist voll besetzt, sodass die drei direkt hinter dem Busfahrer stehen müssen. Anne fängt gleich an zu meckern: „Na toll! Jetzt kann man sich nicht einmal hinsetzen. Mir bleibt auch nichts erspart. Eigentlich wollte ich heute krankmachen, aber Mutter hat mich durchschaut. Mathe muss ich jetzt auch noch abschreiben. Philipp, du hast die Aufgaben doch gemacht?"
Claudia grinst Anne an: „Ich habe meine Hausaufgaben gestern gleich nach dem Essen gemacht."
„Du bist fies!", schreit Anne.
„Warum müsst ihr immer so herumschreien? Es ist schwierig genug, bei diesem Verkehr einen Bus zu steuern!", beschwert sich der Fahrer. Anne will den Busfahrer anmaulen, da tritt ihr Philipp

Welche Anforderungen werden an Annes Freunde und den Busfahrer gestellt?
Welche Anforderungen werden an dich gestellt?

auf den Fuß: „Jetzt halt' endlich die Klappe. Du kannst die Mathematikhausaufgabe dann in der Schule noch abschreiben. Aber ich sage dir gleich, sie ist nicht toll, denn ich habe sie gestern während des Krimis gemacht."

„Akhtar heiße ich, bin elf Jahre alt, habe noch sieben Geschwister und lebe in Karachi. Zehn Stunden am Tag arbeite ich beim Teppichweber und schaffe drei Zentimeter. Dafür bekomme ich zehn Pfennig Lohn. Aufseher achten darauf, dass ich nicht zu viele Pausen mache."

„Mein Name ist Vinu und ich bin neun Jahre alt. Jeden Tag trage ich unseren Wasserkanister über mehrere Kilometer von der Wasserstelle nach Hause. Wir, das sind meine Eltern und fünf Geschwister, haben in unserer Behausung keinen Wasseranschluss."

Trage zwei voll bepackte Büchertaschen fünf Minuten lang auf deiner Schulter. Beschreibe!
Akhtar und Vinu müssen mit anderen Anforderungen zurechtkommen als wir ...
Schlage im Lexikon den Begriff „Kinderarbeit" nach und berichte darüber!

Anforderungen bewältigen

„Du hast also deine Hausaufgabe zum dritten Mal in dieser Woche nicht?", fragt Frau Becker mit zorniger Stimme. „Wenn das noch einmal vorkommt, dann werde ich deinen Eltern einen Brief schreiben und du wirst Gelegenheit haben, deine Hausaufgaben hier in der Schule nachzumachen."

Claudia kichert leise vor sich hin, als sich Frau Becker noch einmal zu Anne umdreht: „Nimm' dir doch Claudia zum Vorbild! Die hat ihre Hausaufgaben immer pünktlich und sorgfältig."

„Die will sich doch nur einschmeicheln!", platzt es aus Anne heraus.

„Ich erwarte, dass du dich in der Pause bei Claudia entschuldigst. Außerdem bin ich ziemlich enttäuscht von dir, denn ich habe immer gedacht, Mädchen sind fleißiger und strebsamer als Jungen. Aber das scheint für dich ja nicht zu gelten. Schade!"

„Mädchen sind fleißiger und strebsamer als Jungen." Sprecht über diesen Satz und begründet eure Meinung. Zu dieser Thematik findest du auch Informationen in deinem Buch für Physik/Chemie/Biologie.

Text: Volker Ludwig
Melodie: Birger Heymann
aus: Das Grips-Liederbuch
Heinrich Ellermann-Verlag, München

„Morgen wirst du die Hausaufgabe an der Tafel vorrechnen und ich werde dich benoten!" Anne stehen Tränen in den Augen. Frau Becker bemerkt die Tränen und bittet deshalb Anne um ein Gespräch während der Pause.

Wie könnte das Gespräch zwischen Anne und Frau Becker verlaufen? Spielt eure Ideen vor!

In der nächsten Stunde wendet sich Frau Becker an die Klasse:
„Nicht nur Anne hat Probleme mit ihren Hausaufgaben. Erzählt mir doch mal, wie ihr eure Hausaufgaben macht."
Die Schüler berichten:
„Ich höre beim Hausaufgaben machen immer Musik."
„Ich fange immer mit dem an, was mir Spaß macht."
„Ich habe Schwierigkeiten, mit den Hausaufgaben überhaupt anzufangen."
„Ich verstehe in Mathematik nie die Hausaufgaben."

Am nächsten Tag nennt Frau Becker ihren Schülern Vorschläge zur Anfertigung der Hausaufgaben:

So fällt dir das Anfertigen deiner Hausaufgaben leichter:

1. *Suche dir einen festen Arbeitsplatz, den du für dich einrichten kannst!*
2. *Versuche so zu arbeiten, dass dich niemand und nichts dabei stört!*
3. *Beginne stets mit etwas Leichtem!*
4. *Mache dir feste Lernzeiten zur Gewohnheit!*
5. *Versuche dich an einen Tages- oder Wochenplan zu halten!*
6. *Wiederhole Vokabeln immer wieder!*
7. *Gib nicht auf, wenn du nicht gleich die richtige Lösung findest!*

„Bitte überlegt euch bis morgen drei weitere Punkte, wie ihr eure Hausaufgaben leichter und gezielter anfertigen könnt."

Euch fallen sicher noch weitere Hilfen ein ...

Konflikte spüren

Als Anne die Haustüre aufsperrt, streicht ihr die Katze der Nachbarin um die Beine. Normalerweise streichelt sie das Tier. Doch heute stößt sie die Katze missmutig mit dem Fuß zur Seite.

Du hast sicher auch manchmal schlechte Laune. Wie verhältst du dich dann?
Wie könnte Anne mit ihrer Laune besser umgehen?

Nach dem Mittagessen fragt Annes Mutter: „Schreibt ihr morgen eine Probe oder wirst du in einem Fach abgefragt? Du solltest dich etwas ausruhen und dann deine Hausaufgaben machen."
Anne murmelt etwas Unverständliches, geht in ihr Zimmer und legt sich aufs Bett. Sie setzt sich die Kopfhörer ihres Walkman auf und beginnt zu träumen:

„Wenn ich reich wäre, müsste ich keine Hausaufgaben machen und ich würde mir ein eigenes Pferd kaufen. Stolz reite ich dann über Felder und Wiesen und die Menschen winken mir zu. Wie oft habe ich mir schon ein Pferd gewünscht. Aber meine Eltern meinen immer nur, das sei viel zu teuer. Aber Vaters neue Videokamera war auch nicht gerade billig.
Alle sind so gemein zu mir!
Bei dieser Claudia musste ich mich entschuldigen. Und dabei habe ich immer gedacht, dass Claudia meine beste Freundin ist. Das werde ich ihr nie verzeihen!"

Plötzlich steht Annes Mutter vor ihrem Bett und nimmt ihr die Kopfhörer ab: „So! Du setzt dich jetzt an deinen Schreibtisch und machst die Hausaufgaben!"
Maulend packt Anne ihre Schulsachen aus, setzt sich an ihren Schreibtisch und fängt mit ihren Aufgaben an.

In der Aufforderung des Petrus-Briefes finden sich Wörter, die du nachschlagen musst.
Diese Aussagen könnten Anne helfen, auf andere wieder zuzugehen.

Seid allesamt gleichgesinnt, mitleidig, brüderlich, barmherzig, demütig. Vergeltet nicht Böses mit Bösem oder Scheltwort mit Scheltwort.

1. Petrus 3, 8

Anne hört, dass ihr Vater nach Hause kommt. Das Abendessen ist für sie ein willkommener Anlass, ihre Arbeit für die Schule einfach abzubrechen. Die Mathematikhausaufgabe will sie morgen früh schnell abschreiben. Sie wird schon jemanden finden, der ihr das Heft leiht und den Rechenweg erklärt.

Als Anne nachts im Bett liegt, kommen ihr Zweifel, ob es richtig war, die Hausaufgabe nicht zu machen. Sie hat eigentlich nicht verstanden, wie die Rechnungen gehen. Nach dem Abendessen hätte sie ihre Eltern noch fragen können. Aber jetzt ist es zu spät. Unruhig schläft sie ein.

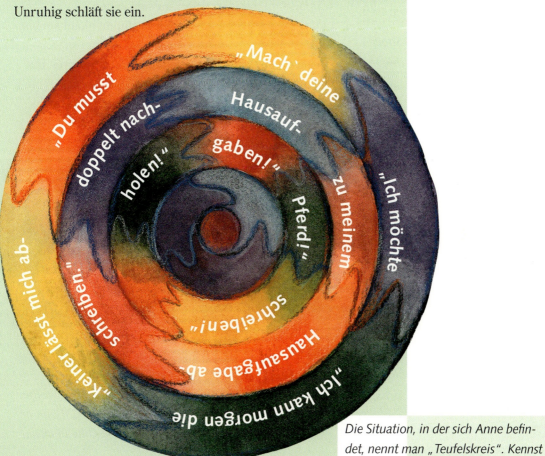

Die Situation, in der sich Anne befindet, nennt man „Teufelskreis". Kennst du auch solche Situationen?

Mit Konflikten umgehen

Am nächsten Morgen beim Frühstücken jammert Anne: „Ich habe heute gar keine Lust, in die Schule zu gehen."
Ihr Vater weist sie laut zurecht: „Jetzt reicht's! Jeden Morgen höre ich dein Gemecker. Deine Mutter und ich haben auch nicht immer Lust, in die Arbeit zu gehen. Mach' dich jetzt fertig, heute kann ich dich mitnehmen."
Anne ist früh in der Schule und nur Oliver steht im Gang vor dem Klassenzimmer. Sie mag ihn zwar nicht, denn er ist in ihren Augen ein Streber und Besserwisser, aber die Mathematikhausaufgabe hat er bestimmt.
„Hallo Olli! Könntest du mir kurz dein Hausheft leihen?"
Oliver grinst sie an: „Nein! Dir bestimmt nicht! Du bist mir zu dumm!"
„Und du bist ein ganz gemeiner Streber!", schreit ihn Anne zornig an.
Lachend dreht sich Oliver um und geht den Gang hinunter: „In deiner Nähe ist mir die Luft zu schlecht!"
Anne würde am liebsten ...

Würde eine Schlägerei den Streit zwischen Anne und Oliver lösen?

Die Bibelstellen auf dieser Seite können jemandem helfen, mit seiner Wut auf andere umzugehen ...

Und ein Schriftgelehrter fragte: „Meister, welches ist das höchste Gebot im Gesetz?"
Jesus aber antwortete ihm: „Du sollst lieben Gott, deinen Herrn, von ganzem Herzen, von ganzer Seele und von ganzem Gemüte."
Dies ist das vornehmste und größte Gebot. Das andre aber ist dem gleich: „Du sollst deinen Nächsten lieben wie dich selbst." In diesen zwei Geboten hängt das ganze Gesetz.

Matthäus 22, 35 – 40

Jesus sprach: „Ihr habt gehört, dass gesagt ist: ‚Du sollst deinen Nächsten lieben' und deinen Feind hassen.
Ich aber sage euch: Liebt eure Feinde und bittet für die, die euch verfolgen, damit ihr Kinder seid eures Vaters im Himmel. Denn er lässt seine Sonne aufgehen über Böse und Gute und lässt regnen über Gerechte und Ungerechte."

Matthäus 5, 43 – 45

Wenn du die Bibelstellen vergleichst, findest du wichtige Gemeinsamkeiten und Unterschiede!

Jürgen guckt

„Du bist schuld!", sagt Jürgen.
„Nein, du!", schreit Kurt.
„Du!", brüllt Jürgen.
Kurt geht auf Jürgen zu.
Jürgen stupst Kurt.
Kurt schlägt Jürgen gegen den Arm.
Jürgen haut zurück.
Kurt boxt Jürgen in den Magen.
Jürgen tritt Kurt vors Schienbein.
Kurt knallt Jürgen die Faust an die Schulter.
Jürgen trifft Kurt an der Lippe.
Kurt trommelt mit beiden Fäusten gegen Jürgens Brust.
Jürgen stößt Kurt das Knie in den Bauch.
Kurt schmettert Jürgen die Rechte auf die Nase.
Jürgen verpasst Kurt eine aufs Ohr.
Kurt landet einen Schwinger auf Jürgens Schlüsselbein.
Jürgen versetzt Kurt einen Tiefschlag.
Kurt gibt eine Gerade zurück.
Jürgen kracht ihm die Linke an den Hals.
Kurt hebt die Hand.
Schlägt nicht zu.
Jürgen guckt.

Gina Ruck-Pauquèt

Vertont die Geschichte von Jürgen und Kurt mit Orffinstrumenten.

Es kann verschiedene Gründe geben, warum ein Streit beendet wird. Das unten stehende Bild oder die Bibelstellen der vorigen Seite können dir bei deiner Antwort helfen.

Unter Anforderungen leiden

Schreibe deine Gedanken zu diesem Bild auf. Sprecht anschließend über eure Aufzeichnungen.
Fällt dir ein geeigneter Titel zu dem Bild ein?

Mittlerweile sind einige andere Mitschülerinnen und Mitschüler gekommen, doch auch sie wollen oder können Anne die Hausaufgabe nicht geben.
Sie ist erleichtert, als sie Philipp sieht, doch der winkt ab: „Ich habe die Hausaufgabe nicht. Ich habe sie nicht verstanden."
Jetzt bleibt nur noch Claudia. „Meinst du, du könntest mir das Heft von Claudia holen, wenn sie kommt?", fragt Anne.
„Das kannst du vergessen, Claudia ist krank. Ich habe die Entschuldigung für Frau Becker dabei", meint Philipp.

Anne hofft, dass Frau Becker die gestrige Auseinandersetzung vergessen hat, als der Unterricht beginnt.
Doch gleich nach Unterrichtsbeginn muss Anne an die Tafel, um die Hausaufgabe vorzurechnen. Als sie an Oliver vorbeigeht, grinst er sie an. Anne könnte ihm ins Gesicht schlagen.
Ihr Auftritt an der Tafel ist nur ganz kurz. Sie kann ihre Hausaufgabe im Heft nicht vorzeigen und sie hat keine Ahnung, wie die Rechnung geht.
„Setze dich wieder hin, ich muss dir eine Sechs eintragen. Das, was du hier bietest, ist jämmerlich. Ich werde dein Fehlverhalten deinen Eltern schriftlich mitteilen!", ruft Frau Becker zornig.

Wie betäubt sitzt Anne an diesem Vormittag im Unterricht und bekommt nur wenig von dem mit, was um sie herum geschieht. Nach Schulschluss läuft sie gleich los. Sie möchte so schnell wie möglich nach Hause.

Nach dem Mittagessen sagt ihre Mutter: „Anne, heute haben wir viel Geschirr zum Abspülen. Hilf mir dabei! Außerdem kannst du gleich den Mülleimer ausleeren!"
„Du, dazu habe ich jetzt keine Zeit! Ich will mich gleich mit meiner Clique treffen", meint Anne beiläufig, als sie vom Mittagstisch aufsteht. „Ich möchte auch viel lieber jetzt etwas Schöneres machen, als in der Küche zu stehen", erwidert ihre Mutter.
„Jetzt reicht es mir! Den ganzen Tag will irgend jemand etwas anderes von mir! Lasst mir doch meine Ruhe!" Anne schlägt dabei mit der Faust auf den Tisch. Wütend sieht die Mutter Anne an und atmet tief durch. Leise sagt sie: „Du hast heute Hausarrest!" Danach verlässt sie den Raum.
Mit Tränen in den Augen läuft Anne in ihr Zimmer und wirft sich auf das Bett. Sie will jetzt nicht nachgeben und zu ihrer Mutter gehen.

Kannst du Personen der Geschichte im Bild wieder erkennen?

Gottes Weisung: An-Gebote

Ich bin der Gott, der zu dir hält

In meiner Nähe hast du mehr als genug. Du kannst auf deine Kosten kommen, aber nicht auf Kosten anderer.

In meiner Nähe kannst du wachsen und dich entfalten.

In meiner Nähe brauchst du dich vor niemandem und nichts abhängig zu machen und unterkriegen zu lassen. So wie du bist, bist du o.k. (...)

In meiner Nähe kannst du zu dir selbst kommen. Du hast Zeit und Ruhe. Du möchtest nicht von anderen runter-, klein-, kaputt-, fertiggemacht werden, darum tu du es auch nicht!

Du möchtest nicht, dass andere Gerüchte über dich verbreiten. Darum tu du es auch nicht!

Du möchtest nicht, dass andere sich auf deine Kosten bereichern, darum tu du es auch nicht!

Du möchtest nicht, dass andere deine Freundschaften zerstören, darum tu du es auch nicht!

Du möchtest nicht, dass dir andere etwas neiden; darum tu du es auch nicht! (...)

Du möchtest von deinen Eltern ernstgenommen werden, darum tu du es auch! (...)

Du bist frei, neue Erfahrungen mit mir zu machen. Deine Bilder von mir brauchen dir nicht den Blick für mich zu verstellen.

Du bist frei, dich in die Rolle des anderen zu versetzen. So könnt ihr euch bei aller Kritik achten und ehren. (...)

Du bist frei. Du darfst du sein.

Du darfst dich auch ändern.

Das heißt: „Du sollst nicht töten."

Das heißt: „Du sollst keine anderen Götter neben mir haben."

Das heißt: „Du sollst keine Ehe zerstören."

Das heißt: „Du sollst Vater und Mutter ehren."

Das heißt: „Du sollst meinen Namen nicht missbrauchen."

Das heißt: „Du sollst nicht begehren, was dein Nächster hat."

Das heißt: „Du sollst den Feiertag heiligen."

Das heißt: „Du sollst dir kein Bild von mir machen."

Das heißt: „Du sollst nicht stehlen."

Rainer Stuhlmann

Könnte das, was in diesem Text versprochen wird, Anne trösten?

Was würde dir helfen, wenn du dich elend fühlst?

Gewissensfragen

„Mensch, Anne, wo warst du gestern Nachmittag?", ruft ihr Johannes schon von weitem zu, während der Rest der Clique im Schulhof Basketball spielt. „Ach, gestern war ein ganz blöder Tag. Totaler Aufstand in der Schule und daheim."
Etwas später kommen Philipp und Claudia: „Haben deine Eltern die Mitteilung schon erhalten?"
„Nein, aber vielleicht hat Frau Becker mir ja nur gedroht."
„Philipp, du spielst bei uns!", meint Johannes.
„Wir wollen auch mitmachen!", ruft Anne.
„Wieso? Ich habe gedacht, ihr schaut uns zu. Außerdem muss ja auch jemand den Ball holen, wenn er verworfen wird", meint Philipp verblüfft.
„Du glaubst doch nicht, dass ich laufe und dir den Ball hole, wenn du ihn verwirfst. Ich habe immer gedacht, dass wir in unserer Clique alles gemeinsam machen", erwidert Anne. Claudia packt Anne am Ärmel und zieht sie beiseite: „Komm', lass die doch. Gehen wir lieber ein bisschen spazieren."
Nach einiger Zeit verabschiedet sich Anne von Claudia. Sie ist neugierig, ob die Mitteilung schon zu Hause angekommen ist, denn Frau Becker hat manchmal die Angewohnheit, auf dem Heimweg Briefe persönlich bei Schülereltern abzugeben. Da ihre Eltern noch in der Arbeit sind, könnte die Mitteilung auch im Briefkasten liegen.

Kannst du Annes Ärger verstehen?

Schnell entdeckt Anne zwischen Werbung und Briefen ein Kuvert mit Schulstempel. Heulend rafft sie die Briefe zusammen und geht in die Küche.

„So eine Gemeinheit! Was ich gemacht habe, war doch gar nicht so schlimm! Andere machen ganz andere Sachen und werden nicht erwischt! Das zahle ich ihr heim!" Solche Gedanken gehen Anne zunächst durch den Kopf.

Dann öffnet sie den Brief mit zitternden Händen und liest:

Sehr geehrte Familie Schmidt!

Leider muss ich Ihnen mitteilen, dass Ihre Tochter Anne zum wiederholten Male ihre Hausaufgaben nicht vorlegen konnte. Sie muss deshalb in der nächsten Woche zur Nacharbeit am Nachmittag erscheinen.
Gleichzeitig zeigt sie wenig Interesse am Unterrichtsgeschehen und reagiert oft unangemessen auf notwendige Zurechtweisungen.
Bitte versuchen Sie, eine Verhaltensänderung bei Ihrer Tochter zu bewirken.

Mit freundlichen Grüßen
Becker

„Wenn das meine Eltern lesen ... Ich muss den Brief verschwinden lassen! Er ist einfach nicht angekommen oder Frau Becker hat ihn in den falschen Briefkasten gesteckt."
Anne ist durcheinander.
Bei all ihrer Verwirrung hat sie auch ein schlechtes Gewissen, denn so hat sie ihre Eltern noch nie betrogen. Wird sie jetzt noch ruhig schlafen können?

Was würdest du Anne raten?
Im Alten Testament steht die Geschichte von Nabot und seinem Weinberg (1. Könige 21,1–29). Sie handelt auch von Betrug und Gewissen. Sie kann dir helfen, Anne einen Rat zu geben.

Orientierung finden

Ganz zu Unrecht hat sie die Mitteilung ja nicht bekommen. Sie hat oft Frau Beckers Geduld ausgenutzt und ihr unberechtigt widersprochen. „Vielleicht ist es besser, den Eltern die Mitteilung nicht zu verheimlichen", überlegt Anne, während einige Tränen auf die Mitteilung fallen.
In diesem Augenblick bemerkt Anne, dass ihre Mutter hinter ihr steht. „Ich habe doch nur ... Eigentlich war es ganz anders ... Die anderen ... Immer ich ...", stammelt Anne vor sich hin ...

Zehn Gebote für Erwachsene

1. Du sollst ein Kind als das „höchste Gut" ansehen.
2. Du sollst ein Kind nicht zum Bild deiner selbst machen.
3. Du sollst Kindern mehr Muße gewähren.
4. Du sollst die Persönlichkeit eines Kindes achten.
5. Du sollst gegen Kinder nicht mit Gewalt vorgehen.
6. Du sollst das Vertrauen eines Kindes nicht zerstören.
7. Du sollst Kinder vor dem Tod bewahren.
8. Du sollst Kinder nicht zur Lüge verleiten.
9. Du sollst die Bedürfnisse von Kindern anerkennen.
10. Du sollst Kindern ein eigenes Recht geben.

Leonhard Froese

... Ihre Mutter nimmt Anne in die Arme und drückt sie liebevoll an sich.

Wie findest du das Verhalten von Annes Mutter? Begründe!

Am nächsten Tag, einem Samstag, hat es Anne nach dem Frühstück sehr eilig. Sie packt ihre Tasche und fährt dann mit dem Fahrrad zum Reiterhof. Dort steht das Pferd, um das sich Anne kümmert. Schnell hat sie das Tier gesattelt und reitet gleich los.
„Heute habe ich dir viel zu erzählen!" Anne berichtet dem Pferd alles, was in den letzten Tagen passiert ist, wie es zu der Mitteilung kam und wie toll ihre Eltern reagiert haben.
Während Anne einen Waldweg entlangtrabt, verspricht sie ihrem Lieblingstier ganz fest: „Ich werde mir in Zukunft in der Schule und auch zu Hause mehr Mühe geben. Ich habe gemerkt, dass ..."

Wie müsste sich Anne konkret verhalten, damit sie ihr Versprechen halten kann?

In diesem Kapitel findest du immer wieder Bilder von Wegen. Mit ihrer Hilfe kannst du Annes Weg beschreiben.

Hilfe zum Leben

Eines Nachts hatte ich diesen Traum: Ich ging mit Gott, meinem Herrn, am Strand entlang. Vor meinen Augen zogen Bilder aus meinem Leben vorüber und auf jedem Bild entdeckte ich Fußspuren im Sand. Manchmal sah ich die Abdrücke von zwei Fußpaaren im Sand, dann wieder nur von einem Paar. Das verwirrte mich, denn ich stellte fest, dass immer dann, wenn ich unter Angst, Sorge oder dem Gefühl des Versagens litt, nur die Abdrücke von einem Fußpaar zu sehen waren. Deshalb wandte ich mich an den Herrn: „Du hast mir versprochen, Herr, du würdest immer mit mir gehen, wenn ich dir nur folgen würde. Ich habe aber festgestellt, dass gerade in den Zeiten meiner schwierigsten Lebenslagen nur ein Fußpaar im Sand zu sehen war. Wenn ich dich nun am dringendsten brauchte, warum warst du dann nicht für mich da?" Da antwortete der Herr: „Immer dann, wenn du nur ein Fußpaar im Sand gesehen hast, mein Kind, habe ich dich getragen."

deutscher Text: Ernst Hansen
Melodie: Lars Ake Lundberg
© Strube Verlag, München–Berlin

Auf Annes Weg findest du Gottes Spuren. Kannst du Hilfen für deine Orientierung entdecken?

Kapitel 7
Glaube in der Bewährung –
Christen im Römischen Reich

Den Glauben bekennen

Michaela schreibt Einladungskarten zu ihrer Konfirmation. Es sind nicht viele: an ihren Bruder, der ein Internat in Prag besucht, an ihre Patin, an ihre Freundin Jarmilla und natürlich an die Großeltern. Sie freut sich auf ihre Konfirmation – aber ihr ist auch ein wenig bange. Diesmal wird sie die einzige Konfirmandin im gesamten Kirchenbezirk sein. Die evangelische Gemeinde an der tschechisch-bayerischen Grenze hatte vor drei Jahren die letzte Konfirmation gefeiert. Klar, dass dies dann ein besonderer Festtag für die ganze Gemeinde ist: Es wird einen gemeinsamen Gottesdienst für die etwa 40 Gottesdienstbesucher geben. Michaela hat mit ihrem Vater, dem Gemeindepfarrer, schon einen Konfirmationsspruch ausgesucht:

„Wachet, steht im Glauben, seid mutig und stark!"
(1. Kor. 16, 13)

„Die in Bayern drüben sind fein 'raus!", denkt Michaela, „dort sind es gleich 16 Jugendliche in einer Konfirmandengruppe. Christine, Jenny, Maximilian und die anderen sind voll in Ordnung!" Sie kennt die bayerischen Konfirmanden inzwischen gut. Ihre Eltern sind mit einem Pfarrersehepaar aus der bayerischen Nachbargemeinde befreundet, und so wurde Michaela dort in den Konfirmandenunterricht eingeladen. „Wenn das die anderen aus meiner Klasse wüssten!" Nachdenklich knabbert Michaela an ihrem Stift. „Sonia hält mich für blöd, weil ich an Gott glaube und in den Gottesdienst gehe! Und Petr behauptet, nur dumme Leute lesen in der Bibel! Jana und Tereza sagen zwar nichts dazu, aber sie verdrehen dann die Augen und schauen mich komisch an. Das ist ganz schön gemein! Aber ich lass' mich nicht unterkriegen! Schließlich bin ich die einzige evangelische Schülerin an unserem Gymnasium!"

Hast du schon einmal anderen vom christlichen Glauben erzählt?
Wie haben deine Zuhörer reagiert?
Wie hast du dich dabei gefühlt?

Eine Woche später am Mittwochnachmittag im Konfirmandenunterricht. Der Pfarrer zieht einen Brief aus seiner Tasche. „Hier, Post für euch!" Er reicht Jenny den Umschlag.
„Ohne Absender." Jenny hat das Kuvert geöffnet und liest laut vor:

> **Herzliche Einladung**
>
> zu meinem Konfirmationsgottesdienst
> am Sonntag, dem 17. Mai um 9.30 Uhr im Betsaal des evangelischen Pfarrhauses.
> Ich würde mich freuen, wenn ihr diesmal mich besucht
> und diesen Gottesdienst mit mir feiert.
>
> Eure Michaela

Florian blättert in seinem Kalender. „Das ist ja schon in vier Wochen – genau vierzehn Tage nach unserer Konfirmation!"
„Ohne mich!", mault Sebastian, „an dem Sonntag habe ich ein wichtiges Spiel mit meiner Fußballmannschaft!"
„Also ich finde, wir sollten zu ihrem Konfirmationsgottesdienst gehen! Es tut ihr bestimmt gut, wenn sie merkt, dass sie nicht allein ist!", redet Jenny dagegen.
„Die Michaela ist schon mutig, wenn sie als einzige Konfirmandin vor der Gemeinde ihren Glauben bekennt!", sagt Christine bewundernd.
„Was ist denn daran mutig, wenn ein Christ seinen Glauben bekennt?", will Sebastian wissen.
„Früher war es sogar lebensgefährlich, Christ zu sein!", mischt sich der Pfarrer in das Gespräch der Jugendlichen ein.
„Ehrlich? Das müssen Sie uns aber ausführlich erzählen!", fordert Florian den Pfarrer auf.

Die Konfirmanden überlegen: Sollen wir Michaelas Konfirmationsgottesdienst besuchen? Womit können wir ihr eine Freude bereiten?

Ein Urteil als Herausforderung

Karthago im Jahr 202 nach Christus. Pudens, ein römischer Soldat, besucht gerade den Christen Tertullian, einen gelehrten Juristen und Rechtsanwalt.

„Ich komme eben aus der Arena. Heute wurden sechs Christen mit dem Tod bestraft: Perpetua, eine 22-jährige vornehme und gebildete Frau, ihre Sklavin Felicitas und vier weitere Christen."

„Nun haben sie es durchgestanden. Erzähl, Pudens, du warst ja Augenzeuge."

„Als sie in die Arena geführt wurden, schritt Perpetua aufrecht voran. Dann ließ man die wilden Tiere auf die Männer los: einen Bären, einen Leoparden und einen wilden Eber. Sie starben einen qualvollen Tod."

Erschüttert sieht Tertullian Pudens an. „Und wie erging es den beiden jungen Frauen, Perpetua und ihrer Sklavin Felicitas?"

„Für die Frauen hatten sie eine besonders wilde Kuh vorgesehen. Sie rempelte die beiden auch sofort um, sodass sie am Boden lagen. Perpetua half ihrer Sklavin wieder auf. Dann sollten die Gladiatoren die Frauen töten. Die Zuschauer tobten auf den Rängen! Perpetua schrie laut auf, als sie der Dolch – ungeschickt geführt – zwischen die Rippen traf. Sie ergriff die Hand des Gladiators und führte die Waffe selbst zu ihrer Kehle. Viele der Zuschauer waren – ebenso wie ich – tief beeindruckt. Wer so für seinen Glauben sterben kann, an dessen Gott muss wirklich etwas sein."

Pudens zieht etwas aus seiner Tasche. „Hier, dieses Schriftstück steckte mir Perpetua auf dem Weg zur Arena heimlich zu. Ich soll es Euch geben." Tertullian entfaltet das Papier und liest:

Als ich noch in der Untersuchungshaft war, besuchte mich oft mein Vater und versuchte immer wieder, mich vom christlichen Glauben abzubringen. Im Kerker war es unerträglich heiß, stickig und finster. Wegen der vielen Gefangenen, die dort mit uns eingesperrt waren, sorgte ich mich um meinen kleinen Sohn, der erst wenige Wochen alt war. Auch meine treue Dienerin Felicitas hatte während der Haft ein Kind geboren.
Dann kam der Tag des öffentlichen Verhörs. Der Procurator sprach zu mir: „Habe Erbarmen mit deinem Vater, habe doch Mitleid mit deinem kleinen Sohn! Opfere dem Kaiser!" Ich antwortete: „Ich opfere nicht! Ich bin Christin!"
Der Procurator sprach das Urteil über uns: „Zu den wilden Tieren!" Pudens, der die Aufsicht über die Wachsoldaten führte, behandelte uns gut und wurde unser Vertrauter. Heute sollen wir während der Festspiele in der Arena sterben. Nun mag ein anderer meinen Bericht zu Ende schreiben.

Perpetuas Glaube wird von ihrem Vater auf eine harte Bewährungsprobe gestellt. Schreibe einen Antwortbrief, in dem Perpetua begründet, warum sie sich nicht von ihrem Glauben abbringen lassen will!
Vergleiche Michaelas Schwierigkeiten mit den Problemen von Perpetua. Gibt es Ähnlichkeiten und Unterschiede?

Verborgen – und doch lebendig

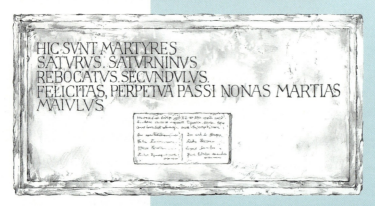

Erst 1907 entdeckten Archäologen bei Ausgrabungen in einer Kirche nördlich von Karthago diese Steintafel. Sie wurde zum Gedenken an eine Gruppe von Christen errichtet, die mutig ihren Glauben an Gott bekannten und deshalb verfolgt und im Jahr 202 oder 203 nach Christus getötet wurden. Obwohl diese Gedenktafel für lange Zeit in Vergessenheit geraten war, blieb die Erinnerung an die Märtyrer („Blutzeugen") von Karthago wach. Die Christen waren besonders vom Glaubensmut der beiden jungen Frauen beeindruckt.

Versuche, die Inschrift zu lesen. Jenny und Christine gehen in die Martin-Luther-Schule; Michaelas Vater predigt manchmal in der bayerischen Stephanuskirche. Gibt es in deinem Heimatort Gedenktafeln, Straßennamen oder Denkmäler, die an Menschen erinnern, die sich mutig für ihren Glauben eingesetzt haben?

In einer alten Kirche in Ravenna erinnert ein Mosaikmedaillon an Felicitas, die treue christliche Sklavin, die zusammen mit ihrer Herrin Perpetua den Märtyrertod starb.

Besuch im Gottesdienst

Für den nächsten Sonntag hat Pudens Urlaub genommen. Er will mit eigenen Augen sehen, was am christlichen Glauben dran ist und wie die Christen ihren Gottesdienst feiern. Tertullian erlaubt ihm gerne, ihn dorthin zu begleiten.

Am Sonntagmorgen begeben sie sich in ein Landhaus am Rande der Stadt. In einem großen Saal drängt sich eine bunt gewürfelte Menge: Männer und Frauen, Mütter mit Kindern und viele Sklaven stehen hier durcheinander. Gespannt warten alle auf den Beginn des Gottesdienstes. Da stimmt einer ein Lied an. Sofort singen alle laut und kräftig mit. Während des Singens schaut sich Pudens im Raum um. Kein Götterbild, keine Bildsäule mit dem christlichen Gott. Kein Opferaltar mit brennendem Feuer. Keine heiligen Tiere. Schmucklos und nüchtern erscheint alles.

Nun betritt der Bischof mit den Priestern und Diakonen den Raum. Die Lieder verklingen. Dafür werden Psalmen gebetet. Diakone lesen Texte aus den Evangelien und den Briefen des Apostels Paulus. Dann hält einer der Priester eine Ansprache, ermahnt die Gemeinde und spricht ihr neuen Mut zu. Nach dem gemeinsamen Beten geht eine Schale herum und jeder, der dazu in der Lage ist, legt eine Gabe hinein. Dann bringen die Diakone Brot und Wein herein. Währenddessen verlassen etliche Gottesdienstbesucher den Raum und gehen nach Hause. Tertullian gibt Pudens ein Zeichen, dass auch er nun gehen muss; denn bei der Abendmahlsfeier dürfen nur Getaufte dabei sein.

Am Abend besucht Pudens noch einmal Tertullian. Eine Frage interessiert ihn besonders: „Was geschieht denn mit dem Geld, das eingesammelt wird?" „Das Geld wird für Arme, für Waisenkinder, für bedürftige alte Menschen und für Christen verwendet, die in Gefängnissen um ihres Glaubens willen eingesperrt sind."

Tief beeindruckt kehrt Pudens wieder zu seiner Gefängniswache zurück. Eines hat er sich vorgenommen: Wenn Christen ihre Glaubensgeschwister im Gefängnis besuchen und unterstützen, wird er ihnen weiterhin nichts in den Weg legen, und er wird dafür auch kein Geld mehr nehmen.

> *Vergleiche den Gottesdienst, den Pudens erlebt hat, mit einem Gottesdienst, den du besucht hast! Schlage im Gesangbuch Seite 1132 und 1134 auf. Viele Elemente aus dem Gottesdienst der frühen christlichen Gemeinden gibt es noch heute: bei uns, in Michaelas Heimat und überall da, wo Christen Gottesdienst feiern!*

Bilder lebendiger Hoffnung

„Der Glaube der Märtyrer ist der Samen der Kirche", hat Tertullian gesagt.
Versuche diesen Satz zu erklären!

Herr, wir bitten: Komm und segne uns

Herr, wir bitten: Komm und segne uns; lege auf uns deinen Frieden. Segnend halte Hände über uns. Rühr uns an mit deiner Kraft.

1. In die Nacht der Welt hast du uns gestellt, deine Freude auszubreiten. In der Traurigkeit, mitten in dem Leid, lass uns deine Boten sein.

2. In das Leid der Welt hast du uns gestellt, deine Liebe zu bezeugen. Lass uns Gutes tun und nicht eher ruhn, bis wir dich im Lichte sehn.

3. Nach der Not der Welt, die uns heute quält, willst du deine Erde gründen, wo Gerechtigkeit und nicht mehr das Leid deine Jünger prägen wird.

EG 572

Der neue Himmel und die neue Erde

Dann sah ich einen neuen Himmel und eine neue Erde. Der erste Himmel und die erste Erde waren verschwunden, und das Meer war nicht mehr da. Ich sah, wie die Heilige Stadt, das neue Jerusalem, von Gott aus dem Himmel herabkam. Sie war festlich geschmückt wie eine Braut, die auf den Bräutigam wartet. Vom Thron her hörte ich eine starke Stimme:

Dieser Text war den verfolgten Christen im Römischen Reich bekannt. Suche nach Aussagen, die Perpetua und Felicitas Kraft gegeben haben! Welche Worte könnten Michaela Mut machen?

„Dies ist Gottes Wohnung bei den Menschen! Er wird unter ihnen wohnen und sie werden sein Volk sein. Gott selbst wird als ihr Gott bei ihnen sein. Er wird alle ihre Tränen abwischen. Es wird keinen Tod mehr geben und keine Traurigkeit, keine Klage und keine Quälerei mehr. Was einmal war, ist für immer vorbei."

Offenbarung 21, 1–4

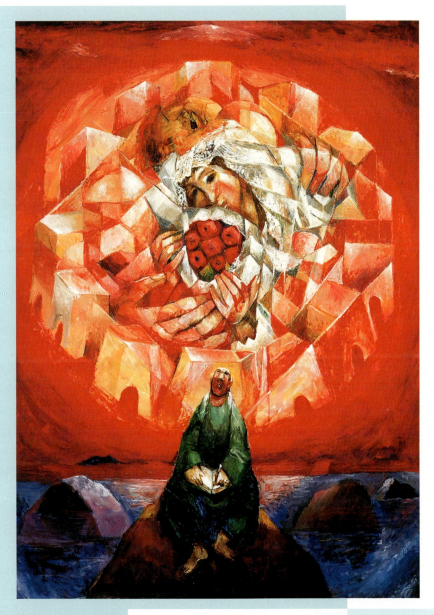

Der Verfasser des Bibeltextes (Offenbarung 21, 1 – 4) drückt seine Vorstellungen von einer neuen Welt und dem Leben ganz in Gottes Nähe mit verschiedenen Bildworten aus ...
Du findest einige dieser Bildworte in diesem modernen Gemälde.

Mitmachen – oder nicht?

Ein Marmorrelief aus dem 1. Jahrhundert n. Chr. zeigt ein Kaiseropfer. Der Kaiser, umgeben von seinem Hofstaat, eröffnet diese Zeremonie, indem er einige Weihrauchkörner in das Feuer auf dem Opferaltar wirft. Alle Untertanen sind verpflichtet, das Opfer für den Kaiser darzubringen. Beamte kontrollieren die Opferhandlung und stellen darüber Teilnahmebescheinigungen aus.

Christen verweigern das Kaiseropfer

Tertullian kennt die Gewissensnöte der Christen, wenn sie gezwungen werden, dem Kaiser zu opfern. In einer Verteidigungsschrift begründet er ihr Verhalten:

„Wir können den Kaiser nicht Gott nennen, weil wir nicht lügen können. Wir können auch nicht beim Kaiser schwören. Zum Himmel blicken wir Christen empor. Aus dem Herzen reden wir allein mit unserem Gott, erflehen ständig für den Kaiser ein langes Leben, ein ungefährdetes Reich, ein sicheres Haus, tapfere Heere, einen treuen Senat, ein gesittetes Volk, eine ruhige Welt und was immer sonst ein Mensch und ein Kaiser sich wünschen mag. Mit Recht können wir sagen, dass der Kaiser von unserem Gott eingesetzt ist. Das ist unser Kaiseropfer, ein Gebet, das aus unschuldiger Seele, aus frommem Herzen kommt."

Was erfährst du aus dem Geschichtsbuch über die Christenverfolgungen? Welche Gründe werden dafür genannt?
Informiere dich in deinem Geschichtsbuch über das Römische Reich in der Zeit um 200 n. Chr.!
Die römischen Herrscher wollten, dass ihre Untertanen mit dem Kaiseropfer ein Bekenntnis ablegen. Die Christen hatten wichtige Gründe, dieses Opfer zu verweigern ...

Christen suchen nach Antworten

In dieser schwierigen Zeit sind viele Christen verunsichert. Sie fragen: „Wie sollen wir uns gegenüber dem Kaiser und seinen Gesetzen verhalten, ohne gegen Gottes Gebote zu verstoßen?" Ein Bibelwort, aufgeschrieben in der Apostelgeschichte, gibt ihnen einen wichtigen Hinweis:

Man muss Gott mehr gehorchen als den Menschen.

Apostelgeschichte 5, 29

In einem alten Brief aus Rom, als dessen Verfasser man den Apostel Petrus ansah, bekommen sie weitere Ratschläge für ihr Verhalten:

Euer Verhalten unter den Ungläubigen muss einwandfrei sein. Sie, die euch alles mögliche Böse nachsagen, sollen eure guten Taten sehen können. Vielleicht wird ihnen Gott dadurch die Augen öffnen, sodass sie ihm die Ehre geben.
Fügt euch dem Herrn zuliebe jeder menschlichen Ordnung! Gehorcht dem Kaiser, der an höchster Stelle steht! Gehorcht auch seinen Vertretern, die von ihm eingesetzt worden sind, um die Schlechten zu bestrafen und die Guten zu loben!
Gott will, dass ihr das dumme Gerede der unverständigen Menschen durch eure guten Taten zum Schweigen bringt. Durch Christus seid ihr frei; aber benutzt eure Freiheit nicht, um unrechtes Handeln damit zu rechtfertigen. Denkt vielmehr daran, dass ihr eure Freiheit als Menschen habt, über deren Leben Gott verfügt.
Achtet alle Menschen.
Liebt eure Glaubensbrüder.
Fürchtet Gott und ehrt den Kaiser!

1. Petrus 2, 11 – 17

Lies den Hinweis aus Apostelgeschichte 5, 29 und vergleiche ihn mit dem Abschnitt aus dem Petrus-Brief.

Michaela erzählt zu Hause von den dummen Bemerkungen ihrer Mitschüler (siehe S. 112). Ihr Vater zeigt ihr diesen Petrus-Brief in der Bibel. Michaela sucht nach Ratschlägen, die ihr weiterhelfen können …

Welche Hinweise findest du für dich hilfreich? Gibt es Gründe dafür?

Glaube gewinnt Macht

Am Tiberufer nördlich von Rom besiegte der junge Feldherr Konstantin im Oktober 312 seinen mächtigen Gegenspieler Maxentius. In dieser Schlacht an der Milvischen Brücke stürzte Maxentius nach seiner Niederlage in die Fluten des Tiber und ertrank. Konstantin wurde weströmischer Kaiser und erließ ein Jahr später mit Licinius, dem oströmischen Kaiser, folgendes Gesetz:

So haben wir beschlossen, den Christen und allen Menschen freie Wahl zu geben, der Religion zu folgen, welcher immer sie wollten.

In gesunder und durchaus richtiger Erwägung haben wir so diesen Beschluss gefasst, dass keinem Menschen die Freiheit versagt werden solle, Brauch und Kult der Christen zu befolgen und zu erwählen ...

Wenn sich früheres Eigentum der Kirche der Christen in der Stadt und auf dem Land jetzt im Besitz von Bürgern und anderer Personen befindet, so ist sofort nach Erhalt unseres Schreibens für Rückgabe an die genannte Kirche zu sorgen. Eile dich daher, Gärten, Häuser und alles, was diese Kirche früher besessen hat, ihr möglichst bald zurückzugeben ...

Der römische Richter Claudius und Marius, ein Bildhauer, lesen die öffentliche Bekanntmachung und stellen sich vor, welche Folgen dieses neue Religionsgesetz für sie haben wird. Das große Landhaus, das Claudius bewohnt, war noch vor wenigen Jahren ein Versammlungshaus der Christen. Gestaltet dieses Gespräch in Partnerarbeit als Sprechszene!

Auch Nikodemus, der christliche Gemeindevorsteher liest das neue Gesetz. Er erkennt, dass es um mehr geht, als nur um die Rückgabe von Gebäuden und Landbesitz. Nikodemus formuliert zuhause ein Dankgebet für den Gottesdienst ...

Einige Jahre später. Konstantin war inzwischen Alleinherrscher des Römischen Reiches geworden. Er versuchte alles, um seine Macht zu erhalten und zu festigen. Die Religionsgesetze von 313 zeigten ihre Auswirkungen: Die Christengemeinden wurden immer größer und die Zahl der Taufbewerber stieg weiter an. Konstantin entdeckte die guten Eigenschaften der Christen: großer Zusammenhalt untereinander, Hilfsbereitschaft, Zuverlässigkeit und ihr Vertrauen auf den Gott, der mächtiger ist, als alle römischen Götter. Da beschloss der Kaiser, die Stärken der Christen für seine Politik zu nutzen. Er erließ in den folgenden Jahren weitere christenfreundliche Gesetze:

- *Die Schaukämpfe der Gladiatoren in der Arena werden abgeschafft, ebenso die Kreuzigung als Todesstrafe.*
- *Notleidende Familien sollen daran gehindert werden, ihre neugeborenen Kinder auszusetzen oder zu töten und ältere Kinder in die Sklaverei zu verkaufen.*
- *Der Sonntag wird im gesamten Römischen Reich als gesetzlicher Feiertag eingeführt.*
- *Der Bau zahlreicher neuer prachtvoller Kirchen wird angeordnet.*
- *Bischöfe und Gemeindevorsteher werden wichtigen römischen Staatspersonen gleichgestellt: Sie müssen keine Steuern zahlen und werden ehrenvoll und bevorzugt behandelt. Bischöfe werden Berater und Reisebegleiter des Kaisers und dürfen sogar das Amt eines Richters ausüben!*

Die neuen Gesetze enthalten viele Vorteile, aber bewirken auch neue Probleme ...

Kaiser Konstantin verwendete seit 313 ein christliches Symbol auf seinen Bannern.

Welche christlichen Symbole kennt ihr? Hast du solche Symbole schon in den Kirchen an deinem Heimatort entdeckt?

Christen und die Macht

In Thessalonich ist einer der Wagenlenker der besondere Liebling der Stadt. Dabei tritt er frech und herausfordernd gegen vorgesetzte Behörden auf. Der Stadtkommandant, ein guter Freund des Kaisers, verhaftet ihn. Das erregt ungeheures Aufsehen in der Stadt. In der nächsten Zirkusveranstaltung fordert das Volk immer lauter die Freilassung des Wagenlenkers. Der Stadtkommandant lehnt ab. Der Tumult wird immer wilder. Plötzlich dringt eine Schar bewaffneter Verschwörer in seine Loge. Ehe Wachsoldaten eingreifen können, sind der Stadtkommandant und seine Begleiter ermordet. Die Täter können unerkannt verschwinden.

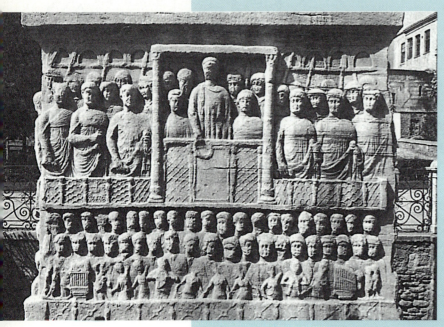

Als Kaiser Theodosius davon erfährt, ist er empört. Immer wieder kommt es vor, dass man die kaiserliche Autorität offen verachtet! Der Tod seines Freundes macht das Maß voll! Theodosius beschließt, die Thessalonicher hart zu bestrafen. Ambrosius, der Bischof von Mailand, erfährt davon und versucht ihn von der Bestrafung abzuhalten, aber Theodosius will davon nichts hören. Blut ist vergossen worden, jetzt soll mit Blut gebüßt werden! Ein Bote mit einem geheimen Befehl wird nach Thessalonich geschickt. Dort ahnt man nichts von dem drohenden Unheil. Je näher der festgelegte Tag der Bestrafung kommt, desto unruhiger wird der Kaiser. Immer deutlicher sagt ihm sein Gewissen, welch schreckliches Unrecht er begehen will. Es darf nicht ausgeführt werden. Ein Eilbote wird abgesandt mit dem Widerruf des Befehls.

Einige Wochen später ist ein neues Wagenrennen angekündigt. Wieder strömen die Massen in den Zirkus. Aber kaum sind die Ränge gefüllt, werden die Tore geschlossen. Plötzlich tauchen überall in den Sitzreihen Soldaten mit blanken Schwertern auf. Wahllos werden alle Anwesenden niedergemacht. Immer wieder hört man die Zuschauer rufen: „Aber das waren doch nicht wir! Geht und bestraft die Schuldigen und nicht uns!"

Da kommt ein kaiserlicher Bote in höchster Eile angesprengt. Der Offizier nimmt das Schreiben und entfaltet es. Kaum hat er es gelesen, erbleicht er und blickt verstört zu Boden. „Zu spät", murmelt er. „Eine Stunde früher – und du hättest 7000 Menschen das Leben gerettet und uns vor großer Schmach und Schande bewahrt."

Fieberhaft hat Theodosius auf die Rückkehr seines Boten gewartet. Aber als dieser endlich bei ihm eintrifft, weiß er, bevor dieser ein Wort gesagt hat: Es ist zu spät! Er hat die Ausführung des ersten Befehls nicht mehr verhindern können. Eine schreckliche Schuld wird ihn von nun an belasten.

Warum hat ihn niemand von dieser blutigen Vergeltung abgehalten? – Niemand?

Da erscheint sein Kanzler Rufinus. Bischof Ambrosius hat einen Brief an den erhabenen Kaiser abgeben lassen. Theodosius sitzt noch lange und grübelt über den Brief des Ambrosius. Innerlich muss er ihm Recht geben. Es war ein schweres Unrecht, das er verschuldet hat. Und wie hat er es schon bereut!

Aber damit allein gibt sich der Bischof nicht zufrieden. Er verlangt öffentliche Kirchenbuße auch von ihm, dem Kaiser, so wie er sie auch von jedem anderen Gemeindeglied fordert ...

Theodosius überlegt: „Soll ich wirklich die öffentliche Kirchenbuße ablegen?"

Das Wort Buße wird heute selten verwendet. Im Gesangbuch findest du auf Seite 1569 eine Erklärung dieses Begriffs.

Buße und Beichte gehören zusammen. Lies auch die Information auf Seite 1511.

125

Schuld bekennen – Verantwortung tragen

Aus tiefer Not schrei ich zu dir

1. Aus tiefer Not schrei ich zu dir,
Herr Gott, erhör mein Rufen.
Dein gnädig Ohren kehr zu mir
und meiner Bitt sie öffne;
denn so du willst das sehen an,
was Sünd und Unrecht ist getan,
wer kann Herr, vor dir bleiben?

2. Bei dir gilt nichts denn Gnad und Gunst,
die Sünde zu vergeben;
es ist doch unser Tun umsonst
auch in dem besten Leben.
Vor dir niemand sich rühmen kann,
des muss dich fürchten jedermann
und deiner Gnade leben.

5. Ob bei uns ist der Sünden viel,
bei Gott ist viel mehr Gnade;
sein Hand zu helfen hat kein Ziel,
wie groß auch sei der Schade.
Er ist allein der gute Hirt,
der Israel erlösen wird
aus seinen Sünden allen.

EG 299 nach Psalm 130

Martin Luther dichtete aus Psalm 130 ein Lied. Finde Gründe dafür, warum dieses Lied heute noch gesungen wird!
Dem Menschen auf dem Bild ließen sich doch Sätze des Psalm-Liedes zusprechen, die ihm Mut machen, Schuld zu bekennen und Verantwortung zu tragen ...
Kaiser Theodosius grübelt nach. Als Kaiser und als Christ wollte er seinem Volk ein Vorbild sein. Doch nun hat er schwere Schuld auf sich geladen ...
Vergleiche seine Situation mit den Aussagen des Psalm-Liedes!

Ein Kaiser im Büßergewand

Flavia: Das war ja ein tolles Stück! Ich traute meinen Augen kaum. Steht doch da vor dem Dom der mächtige Kaiser Theodosius im Büßergewand mit einer Kerze in der Hand unter all den anderen Sündern.

Clivia: Das ist doch nicht mehr als recht und billig. Warum sollen denn immer nur die Kleinen büßen!

Julia: Ich habe Respekt vor ihm. Ein Kaiser, der das Unrecht, das er getan hat, einsieht und öffentlich bereut, vergibt sich doch nichts vor den Leuten.

Flavia: Aber es gehört Mut dazu: einem Kaiser seine Schuld vor Augen zu stellen, ihn vom Abendmahl auszuschließen und als Büßer vor der Kirche stehen zu lassen! Unser Bischof Ambrosius scheut sich vor keinem, wenn es um den Glauben geht!

Clivia: Nun, verdient hat es der Kaiser schon! 7000 Zuschauer, die meisten von ihnen unschuldig, im Stadion niedermetzeln zu lassen, das sucht selbst in unserer wüsten Zeit seinesgleichen.

Julia: Ambrosius hat den Kaiser nicht aus Rache als Büßer vor die Kirche gestellt oder um ihm zu zeigen, welche Macht er als Diener Gottes über ihn hat. Er tat es um der Gerechtigkeit willen und aus Sorge für das Seelenheil des Kaisers!

Clivia: Gut, der Kaiser tut öffentlich Buße. Aber was ändert sich? Wird er bei der nächsten Gelegenheit nicht wieder genauso handeln?

Flavia: Du liest offensichtlich die amtlichen Anschläge nicht! Da steht eine Verordnung des Kaisers, dass Strafen erst 30 Tage nach ihrer Verhängung vollstreckt werden dürfen. Damit will der Kaiser gewährleisten, dass im ersten Zorn verkündete Strafen zurückgenommen oder abgemildert werden können.

Julia: Ich wünschte nur, alle Bischöfe wären so wie Ambrosius. Dann stünde es besser um Kirche und Staat.

Bischof Ambrosius gibt ein Beispiel, wie sich die Kirche gegenüber den Mächtigen verhalten soll, wenn sie Gottes Gebote missachten ...

Glaube in der Bewährung

Formuliert einen Text zu dieser Bildergeschichte! Auch Einzelheiten sind wichtig! Stellt euch vor, ihr seid diese Pflanze!
Die Holunderpflanze ist wie ein Symbol für die verfolgten Christen im Römischen Reich und für Michaela, die auch heute noch als gläubige Christin Hindernisse erlebt. Vergleiche ihre Erlebnisse mit der Entwicklung der Holunderpflanze!
Gibt es etwas in deinem Leben, das Ähnlichkeit mit dieser Bildergeschichte hat?